PROFISSÕES PARA MULHERES E OUTROS ENSAIOS

Conheça os títulos da Coleção Biblioteca Diamante:

A arte da guerra e da liderança — Napoleão Bonaparte

A arte de ter razão — Arthur Schopenhauer

A decadência da mentira e outros ensaios — Oscar Wilde

A literatura, os escritores e o Leviatã — George Orwell

A mão invisível do mercado — Adam Smith

As dez melhores histórias do Decamerão — Giovanni Boccaccio

D. Benedita, Clara dos Anjos e outras mulheres — Machado de Assis e Lima Barreto

Histórias, aforismos e profecias — Leonardo da Vinci

O elogio do ócio e outros ensaios — Robert Louis Stevenson

O lustre — Clarice Lispector

Podem me chamar de louca — Hilda Hilst

Profissões para mulheres e outros ensaios — Virginia Woolf

Shakespeare e o drama — Lev Tolstói

Um pecador se confessa — Santo Agostinho

VIRGINIA WOOLF

PROFISSÕES PARA MULHERES E OUTROS ENSAIOS

TRADUÇÃO,
ORGANIZAÇÃO
E PREFÁCIO
WAGNER SCHADECK

COLEÇÃO
**BIBLIOTECA
DIAMANTE**

EDITORA
NOVA
FRONTEIRA

Direitos de edição da obra em língua portuguesa no Brasil adquiridos pela EDITORA NOVA FRONTEIRA PARTICIPAÇÕES S.A. Todos os direitos reservados. Nenhuma parte desta obra pode ser apropriada e estocada em sistema de banco de dados ou processo similar, em qualquer forma ou meio, seja eletrônico, de fotocópia, gravação etc., sem a permissão do detentor do copirraite.

EDITORA NOVA FRONTEIRA PARTICIPAÇÕES S.A.
Rua Candelária, 60 — 7.º andar — Centro — 20091-020
Rio de Janeiro — RJ — Brasil
Tel.: (21) 3882-8200

Dados Internacionais de Catalogação na Publicação (CIP)

W913p   Woolf, Virginia
Profissões para mulheres e outros ensaios / Virginia Woolf; tradução e organização por Wagner Schadeck. – Rio de Janeiro: Nova Fronteira, 2021.
160 p.; (Biblioteca Diamante)

ISBN: 978-65-5640-341-0

1. Ensaios. 2. Mulher e sociedade. I. Schadeck, Wagner. II. Título.

CDD: 305.42
CDU: 305-055.2

André Queiroz – CRB-4/2242

SUMÁRIO

PREFÁCIO · *W*AGNER SCHADECK 7

A MORTE DA MARIPOSA 10
TRÊS FOTOGRAFIAS 15
    A primeira fotografia 15
    A segunda fotografia 17
    A terceira fotografia 18
A VELHA SENHORA GREY 21
PERAMBULAR PELA RUA: UMA AVENTURA LONDRINA 24
O ENTARDECER EM SUSSEX: REFLEXÕES NUM AUTOMÓVEL 43
***NOITE DE REIS* NO OLD VIC** 49
O HOMEM NO PORTÃO 56
SARA COLERIDGE 65
"NÃO ERA UM DE NÓS" 74
CARTA A UM JOVEM POETA 85
O ARTÍFICE 110
O MEDIANO 122
PROFISSÕES PARA MULHERES 136
POR QUÊ? 146

SOBRE A AUTORA 157

PREFÁCIO
WAGNER SCHADECK

Há quem entenda a modernidade a partir de uma narrativa de crises: o ser humano, filho do acaso, extraviado da ordem do mundo, sem o sustento de uma herança cultural, participando de sistemas políticos e instituições em ruínas ou alheio a eles, recluso num quarto de espelhos, vivendo uma vida sem sentido…

Em relação à crise cultural, por certo, as fronteiras dos gêneros literários, a autonomia do texto literário, a identidade e autoridade do autor, o estabelecimento e a permanência do cânone talvez tenham sido as maiores preocupações da crítica literária moderna.

Longe de ser uma crítica feita em âmbito acadêmico, com circulação restrita a gabinetes de estudiosos e bibliotecas de eruditos, o livro que o leitor tem em mãos não salta os obstáculos da teoria, mas lança um olhar bastante pessoal sobre todos esses assuntos, com a vantagem de se tratar de uma grande escritora, Virginia Woolf.

Tratam-se de textos originalmente remetidos para periódicos, mas que permanecem relevantes, apesar da alteração das circunstâncias de publicação e recepção. São escritos que não sobrevivem tão somente devido a um uso singular da linguagem, com uma mistura entre estilo erudito e registro coloquial, ou pela variedade de conteúdos abordados (prosa, poesia, teatro etc.), ou à habilidade com que a autora se apropria dos gêneros literários (ensaio, conto, carta, biografia etc.) e os expande, nem mesmo pela sagacidade e ironia que marcam sua assinatura, mas por certo o leitor perceberá que todos esses elementos, unidos pela voz que narra, comenta, censura, elogia e diverte, tornam-se próximos, engraçados, emocionantes, familiares.

Curiosa, investigativa, inteligente e sarcástica, Virginia Woolf pode usar a perambulação para comprar um lápis pelas ruas de Londres como um símbolo de seu método de escrita. De fato, todos estes textos dão a impressão de terem sido escritos a partir da busca por pequenos detalhes que revelam o conjunto da obra.

São ensaios-cartas, ensaios-biografias, ensaios-resenhas, ensaios-contos, ensaios-crônicas... não só de uma escritora talentosa, mas de uma exímia leitora, que lê como uma obstinada montadora de quebra-cabeças. Virginia Woolf não é uma hábil perfilhadora, mas uma leitora amorosa, interessada em conhecer a personalidade e obra dos autores sobre os quais escreve.

Diferente da imagem de escritora sombria, estes textos transparecem a graça, a inteligência, o sarcasmo, a reflexão de uma autora preocupada em se fazer próxima de seus leitores, numa bela fraternidade promovida pela literatura, contrariando aqueles críticos propagadores de crises.

Além de servir como uma bela introdução à obra da autora, esperamos que esta antologia contribua também para um encontro — ou um chá das cinco? — entre o leitor comum e a escritora Virginia Woolf.

Wagner Schadeck
Curitiba, 09-08-2021

A MORTE DA MARIPOSA

As mariposas que voam de dia não devem ser propriamente chamadas de mariposas; não suscitam aquela agradável sensação das noites escuras de outono e dos botões de hera que a mais comum, cuja parte inferior das asas é amarela, adormecida à penumbra da cortina, jamais deixa de nos despertar. São criaturas híbridas, nem alegres como as borboletas nem sombrias como sua própria espécie. No entanto, este tipo, com suas estreitas asas cor de feno, franjadas com uma borla da mesma cor, parecia feliz da vida. Era uma agradável manhã, em meados de setembro, amena, benigna, embora com uma brisa mais insidiosa do que a dos meses de verão. O arado já sulcava o campo para o qual a janela dava vista, e ali, onde passara a relha, a terra estava plana, compacta e reluzente de umidade. Tamanho vigor vinha dos campos e das serras remotas, que seria difícil manter os olhos estritamente nos livros. As gralhas também celebravam uma de suas festividades anuais; sobrevoavam em círculos as copas das árvores até darem a impressão de compor uma vasta rede com milhares de nós negros lançada ao ar, que, depois de alguns instantes, caía lentamente sobre as frondes, até que cada galho parecesse ter em sua ponta um nó. Então, de súbito, a rede voltava a ser lançada ao ar, desta vez em um círculo mais amplo, com clamor e alarido mais extremos, como se ser lançada ao ar e cair sobre as copas fosse uma experiência de grande emoção.

A mesma energia que inspirava as gralhas, os lavradores, os cavalos e, ao que parecia, também as encostas ermas e nuas impelia a mariposa a esvoaçar de um lado a outro de seu quadrado da vidraça. Era impossível não a observar. Era, de fato, um estranho sentimento de compaixão por ela que vinha à consciência. Naquela manhã as possibilidades de prazer pareciam tão imensas e diversas que ter na vida somente uma breve porção de mariposa, e um dia de mariposa, ainda por cima, soava como um duro destino, e o entusiasmo do inseto em desfrutar ao máximo suas escassas oportunidades era patético. Com vigor, ela esvoaçou até um canto de seu compartimento e, depois de aguardar ali por um instante, cruzou em voo para o outro. O que lhe restaria senão voar para um terceiro canto e logo para um quarto? Era tudo o que ela podia fazer, apesar do tamanho das encostas, da amplidão do céu, da fumaça longínqua das casas e da voz romântica, de quando em quando, de algum barco a vapor em alto-mar. Ela fazia o que podia. Observando-a, dava a impressão de que uma fibra, muito fina, embora pura, da enorme energia do mundo tinha sido introduzida em seu corpo frágil e diminuto. Cada vez que cruzava a vidraça, eu imaginava que um filamento de luz vital se tornava visível. Não era nada mais nada menos do que a vida.

No entanto, por ser uma forma de energia tão pequena e tão simples que emanava pela janela aberta e seguia seu caminho através de incontáveis corredores estreitos e intrincados do meu próprio cérebro e do de outros seres humanos, havia algo de admirável e patético nela. Era como se alguém tivesse pegado uma minúscula gota de pura vida e, adornando-a com a maior leveza possível com penugem e plumas, colocado-a para dançar e ziguezaguear para nos mostrar a verdadeira natureza da vida. Assim manifesta, seria impossível superar sua estranheza. Temos a capacidade de esquecer tudo sobre a vida quando a vemos encurvada, vergada, enfeitada e desajeitada, precisando se mover com maior circunspecção e dignidade. Mais uma vez, a ideia de tudo o que poderia ter sido a sua vida se por acaso a mariposa tivesse nascido com outra forma fazia com que suas atividades simples fossem vistas com uma espécie de compaixão.

Depois de um instante, com o aparente fastio de sua dança, ela se acomodou no parapeito da janela ao sol e, uma vez terminado aquele estranho espetáculo, eu me esqueci dela. Então, quando ergui o rosto, ela voltou a cativar meus olhos. Pretendia retornar sua dança, mas parecia tão rígida ou tão desajeitada que só conseguia esvoaçar até a parte inferior do painel do vidro, e quando tentava atravessar a vidraça voando, falhava. Por estar concentrada em meus assuntos, observei durante um instante aquelas vãs tentativas sem pensar, esperando inconscientemente que ela retomasse seu voo, como esperamos que uma máquina que parou momentaneamente reinicie sua atividade sem considerar o motivo de sua falha. Depois talvez da sétima tentativa, ela escorregou da saliência de madeira e tombou, batendo as asas, de costas no peitoril da janela. O desolamento de sua atitude me despertou. Ocorreu-me que ela estava com dificuldades; já não podia se erguer sozinha; suas pernas lutavam em vão. Mas quando estendi um lápis, com a intenção de ajudá-la a se endireitar, percebi que o fracasso e o embaraço eram a proximidade da morte. Deitei outra vez o lápis.

Suas pernas se agitaram mais uma vez. Procurei como se pelo inimigo contra o qual ela lutava. Olhei para fora. O que estava acontecendo? Aparentemente, já era meio-dia e o trabalho nos campos cessara. Quietude e silêncio tinham substituído a animação anterior. Os pássaros tinham saído para se alimentar nos córregos. Os cavalos estavam parados. Ainda assim, o poder seguia lá fora, homogêneo, indiferente, impessoal, sem servir a nada em particular. De algum modo, era o contrário da pequena mariposa cor de feno. Era inútil tentar fazer qualquer coisa. Só se podia observar os extraordinários esforços daquelas perninhas contra uma condenação iminente que, se quisesse, poderia submergir uma cidade inteira, e não só uma cidade, como também multidões humanas; nada, até onde eu sabia, tinha chance alguma contra a morte. Ainda assim, após uma pausa de exaustão, as pernas voltaram a estremecer. Este último protesto foi magnífico, e tão frenético que, por fim, ela conseguiu se endireitar. Nossas simpatias, é claro, estavam a favor da vida. Além disso, era estranhamente comovedor não haver quem se importasse ou reconhecesse aquele esforço por parte de uma pequena e insignificante mariposa contra um poder de tamanha magnitude, de reter algo que ninguém mais valorizava ou desejava conservar, era estranhamente comovedor. Mais uma vez, de algum modo, enxergava-se a vida, uma pura gota. Voltei a erguer o lápis, embora soubesse que seria em vão. Mas mesmo enquanto o fazia, apareceram os inconfundíveis sinais da morte. Seu corpo relaxou e imediatamente enrijeceu. A batalha estava terminada. A pequena criatura insignificante conhecia então a morte. Enquanto eu olhava para a mariposa morta, aquele breve triunfo de uma força tão grande em relação a um adversário tão cruel me encheu de pasmo. Assim como a vida havia sido estranha alguns minutos antes, a morte era agora igualmente estranha. Depois de conseguir se endireitar, a mariposa jazia agora mais decente e bem composta. Ah, sim, ela parecia dizer, a morte é mais forte do que eu.

TRÊS FOTOGRAFIAS

A primeira fotografia

É impossível não ver fotografias, porque se meu pai fosse ferreiro e o seu fosse um nobre, seríamos como fotografias um para o outro. Somos incapazes de sair do enquadramento da fotografia ao falar com naturalidade. Você me vê encostada à porta da ferraria com uma ferradura na mão e pensa enquanto passa: "Que pitoresco!" Eu, ao vê-lo sentado à vontade no coche, quase como se estivesse prestes a fazer uma reverência ao populacho, penso, mas que imagem da antiga e luxuosa Inglaterra aristocrática! Estamos ambos bastante equivocados em nossos julgamentos, sem dúvida, mas isso é inevitável.

Então, agora, numa curva da estrada, eu vi uma dessas fotografias. Poderia se chamar "O retorno do marinheiro", ou ter algum título parecido. Um jovem marinheiro belo e elegante carregando um embrulho; uma garota com a mão em seu braço; vizinhos ao redor; o jardim de um chalé abrasado de flores; ao passar, era possível ler no pé da fotografia que o marinheiro tinha voltado da China, e uma bela refeição lhe esperava na sala, e ele tinha um presente para sua jovem esposa no embrulho, e ela logo daria à luz o primeiro filho dos dois. Tudo era certo e bom como deveria ser. Era a sensação que aquela fotografia transmitia.

Havia algo salutar e satisfatório na visão de tamanha felicidade; a vida parecia mais doce e mais invejável do que antes.

Com esse pensamento, passei por eles, preenchendo como podia os máximos detalhes da fotografia, percebendo a cor do vestido dela, a dos olhos dele, vendo o gato areia se esgueirando pela porta do chalé.

Durante um tempo, a fotografia flutuou diante de meus olhos, fazendo com que a maioria das coisas parecesse mais luminosa, mais cálida e mais simples do que de costume; e fazendo com que algumas coisas parecessem bobas, e algumas coisas erradas e algumas coisas certas e mais cheias de sentido do que antes. Em estranhos momentos daquele dia e do seguinte, a fotografia me voltava à mente e eu considerava com inveja, mas com ternura, o marinheiro feliz e sua esposa, e imaginava o que eles estariam fazendo, o que estariam dizendo agora. A imaginação forneceu outras imagens que brotavam daquela primeira, uma imagem do marinheiro cortando lenha, tirando água do poço, e eles conversavam sobre a China, e a moça deixava seu presente na cornija da lareira, onde poderia ser visto por todos os que entrassem, e ela cosia o enxoval de seu bebê, e todas as portas e janelas estavam abertas para o jardim e os pássaros adejavam e as abelhas zumbiam, e Rogers — esse era o nome dele — não podia expressar o quanto tudo aquilo lhe agradava depois dos mares da China. Enquanto fumava seu cachimbo, com o pé no jardim.

A segunda fotografia

No meio da noite, um choro forte reboou no vilarejo. Depois ouviu-se o som de algo se arrastando, e logo um silêncio mortal. Tudo o que se podia ver pela janela era o ramo do lírio pendurado inerte e ponderoso do outro lado da estrada. Era uma noite de mormaço e calmaria. Sem luar. O choro fez tudo parecer sinistro. Quem tinha chorado? Por que ela tinha chorado? Era uma voz de mulher, quase assexuada pelo sentimento extremo, quase estrangulada. Era como se a natureza humana chorasse contra certa iniquidade, certo horror inexprimível. O silêncio era mortal. As estrelas cintilavam com perfeita regularidade. Os campos estavam ermos. As árvores estavam inertes. No entanto, tudo parecia culpável, condenável, ameaçador. Sentia-se que algo devia ser feito. Alguma luz deveria aparecer se agitando, se movendo inquieta. Alguém deveria vir correndo pela estrada. Deveria haver luzes nas janelas do chalé. E então talvez outro choro, desta vez menos assexuado, menos estrangulado; consolado, apaziguado. Mas nenhuma luz apareceu. Não se ouviram passos. Não houve choro seguinte. O primeiro fora engolido, e só remanescia um silêncio mortal.

Acomodada no escuro, eu ouvia com atenção. Tinha sido meramente uma voz. Nada com que relacioná-la. Nenhuma imagem que fosse aparecer para interpretá-la, torná-la inteligível para a mente. Mas quando a escuridão veio por fim, tudo o que se podia ver era uma obscura silhueta humana, quase informe, erguendo em vão um gigantesco braço contra certa iniquidade esmagadora.

A terceira fotografia

O clima se manteve ameno. Não fosse aquele único choro noturno, seria possível sentir que o solo aportara; que a vida abandonara o vento adverso; que chegara a uma calma enseada e ali ancorara, quase sem se mover, nas águas mansas. Mas o som persistia. Aonde quer que se fosse, mesmo numa longa caminhada pelas colinas, algo parecia se revolver inquietamente sob a superfície, fazendo com que a paz, a estabilidade ao redor parecessem um pouco irreais. Havia ovelhas arrebanhadas na encosta da colina; o vale era cortado por volumosas e estreitas ondulações, como cascatas de águas calmas. Surgiam ermas granjas. Um filhote de cachorro chafurdava no quintal. As borboletas sobrevoavam sobre o tojo. Tudo tão tranquilo, tão seguro como o poderia ser. Mesmo assim, continuava pensando, um choro havia irrompido; toda essa beleza tinha sido cúmplice naquela noite; tinha consentido; a ainda estar tranquila, ainda bela; e a qualquer momento poderia ser fendida outra vez. Essa afabilidade, essa segurança estavam só na superfície.

E então, para que o ânimo acabasse com aquele estado apreensivo, voltava-se à fotografia da acolhida do marinheiro. Repassava-se tudo produzindo diversos pequenos detalhes — a cor azul do vestido da esposa, a sombra projetada pela árvore de flores amarelas — onde antes ainda não havia retoques. Então eles estavam parados na porta do chalé, ele com o embrulho nas costas; ela apenas roçando com a mão a manga do casaco. E um gato areia tinha se esgueirado pela porta. Assim analisando pouco a pouco cada detalhe da fotografia, convencia-se gradualmente de que era muito mais provável que aquela calma e aquele contentamento e aquela disposição estivessem sob a superfície de algo traiçoeiro, sinistro. As ovelhas pastando, as ondulações do vale, a granja, o filhote de cachorro e as borboletas a bailar eram de fato como um reflexo daquilo. Então voltava-se para o lar, com pensamento fixo no marinheiro e em sua esposa, inventando imagem após imagem dos dois a partir daquela anterior para que uma imagem após a outra de felicidade e satisfação pudessem ser deitadas sobre aquele incômodo, aquele choro hediondo, até que fosse esmagado e silenciado pela gravidade de sua existência.

Por ali estava o vilarejo e o adro pelo qual deveria passar; e surgiu o pensamento habitual de quem ali adentra, sobre a placidez do lugar, com seus teixos frondosos, suas lápides apagadas, seus sepulcros anônimos. A morte era animada ali, dava para sentir. De fato, olhe essa fotografia! Um homem estava cavando uma sepultura, e algumas crianças faziam um piquenique ao lado enquanto ele trabalhava. As pazadas de terra amarelenta eram lançadas para o ar, e as crianças se esparramavam comendo pão com geleia e bebendo leite em grandes canecas. A esposa do coveiro, uma mulher gorda e clara, estava recostada a uma lápide e estendia seu avental na grama ao lado da sepultura aberta, para que lhes servisse de toalha de mesa. Alguns torrões de barro caíam sobre a louça do chá. Quem seria sepultado ali, perguntei. O velho senhor Dodson por fim teria morrido? "Ah! Não. É para o jovem Rogers, o marinheiro!", respondeu a mulher, me encarando. "Faz duas noites que ele morreu, alguma febre estrangeira. Não ouviu sua esposa?" Ela saiu correndo pela estrada e chorou... "Aqui, Tommy, você está todo coberto de terra!"

Que fotografia aquela!

Junho de 1929

A VELHA SENHORA GREY

Há momentos até mesmo na Inglaterra, hoje, em que até os indivíduos mais atarefados, mais satisfeitos de repente deixam cair o que têm em mãos — que bem pode ser a roupa recém-lavada da semana. Lençóis e pijamas desmantelam-se e escorregam de suas mãos, porque, embora não o expressem com tais palavras, parece uma bobagem levar a roupa para lavar à senhora Peel; quando lá fora, nos campos e nos vales, não há roupa lavada, nem cordames, nem grampo de roupa, tampouco engomar, ou passar, nada de trabalho, mas só um descanso ilimitado. Descanso intocável e ilimitado; espaço intérmino; pastos jamais pisados; pássaros selvagens esvoaçando pelas colinas, cujas suaves encostas continuam esse voo selvagem.

Disso tudo no entanto, do canto da senhora Grey só podiam ser vistos dois metros por um. Esse era o tamanho de sua porta de entrada, aberta de par a par, embora ardesse a lareira. O fogo parecia um pequeno ponto de luz crepuscular tentando debilmente escapar da embaraçosa pressão torrencial do sol.

A senhora Grey estava sentada numa cadeira dura de seu canto olhando — mas o quê? Aparentemente nada. Não alterou o foco de seu olhar quando as visitas entraram. Seus olhos deixaram de se concentrar; talvez tivesse perdido essa capacidade. Eram olhos envelhecidos, azuis, sem óculos. Podiam ver, mas sem olhar. Ela nunca forçara os olhos em algo minucioso e difícil; só em semblantes, pratos e campos. E agora, aos noventa e dois anos, seus olhos já não viam nada além de um zigue-zague de dor se contorcendo pela porta; uma dor que retorcia suas pernas ao se contorcer; que chacoalhava seu corpo para a frente e para trás como uma marionete. Seu corpo estava envolto na dor como um lençol encharcado dobrado sobre um arame. O arame era agitado espasmodicamente por uma mão cruel e invisível. Ela estendia um pé, uma mão. Depois parava. Ficava quieta por um instante.

Nesse ínterim, viu a si mesma no passado aos dez, aos vinte, aos vinte e cinco. Ela entrava e saía correndo de um chalé com seus onze irmãos e irmãs. O arame agitou. Ela foi projetada para a frente em sua cadeira.

"Todos mortos. Todos mortos", ela balbuciou. "Meus irmãos e minhas irmãs. E meu marido se foi. Minha filha também. Mas eu continuo. A cada manhã, rogo a Deus para me deixar ir."

A manhã se estende em dois metros por um, verde e ensolarada. Como grãos arremessados, os pássaros pousaram na terra. E ela foi agitada outra vez por mais um golpe da mão atormentadora.

"Sou uma velha ignorante. Não sei ler nem escrever, e todas as manhãs, quando desço as escadas, digo que gostaria que fosse noite; e todas as noites, quando subo me arrastando para a cama, digo que gostaria que fosse dia. Sou só uma velha ignorante. Mas rogo a Deus: ah, me deixe ir. Sou uma velha ignorante — não sei ler nem escrever."

Assim, quando a cor desapareceu pelo vão da porta, ela não conseguia ver a outra página que então se iluminou; nem ouvir as vozes que tinham discutido, cantado, falado por centenas de anos.

Os membros agitados voltaram a se acalmar.

"O médico vem toda a semana. O médico da paróquia, agora. Desde que a minha filha se foi, não podemos mais dispor do dr. Nicholls. Mas ele é um bom homem. Diz que se pergunta como eu continuo aqui. Diz que meu coração não é mais que vento e água. Mas parece que não sou capaz de morrer."

Então nós — a humanidade — insistimos para que o corpo ainda se agarre ao arame. Arrancamos seus olhos e ouvidos, mas o deixamos manietado ali, com um frasco de medicamento, uma xícara de chá, um fogo mortiço, como uma gralha sobre a porta de um celeiro; mas uma gralha que ainda vive, mesmo cravejada por um prego.

PERAMBULAR PELA RUA: UMA AVENTURA LONDRINA

Talvez ninguém jamais tenha sentido paixão por um lápis. Mas existem circunstâncias em que pode se tornar extremamente desejável possuir um; momentos em que nos parece imprescindível ter um objeto, um pretexto para percorrer metade de Londres entre a hora do chá e a do jantar. Como o caçador de raposas que caça para preservar a raça das raposas, e o jogador de golfe que joga para que os espaços abertos sejam preservados dos construtores, quando nos surge o desejo de sair andando pelas ruas, até mesmo o lápis nos serve de pretexto, e nos levantando, dizemos: "Realmente devo comprar um lápis", como se encobertos por essa desculpa pudéssemos nos conceder sem correr algum risco o maior prazer da vida urbana no inverno — perambular pelas ruas de Londres.

A hora deveria ser o entardecer, e a estação, o inverno, porque no inverno o ar tem o brilho alegre do champanhe, e as ruas, uma sociabilidade graciosa. Não somos molestados, como no verão, com o anseio por sombra e solidão e sopros suaves dos campos de feno. O entardecer também nos garante a irresponsabilidade característica da escuridão e da luz das lamparinas. Já não somos mais nós mesmos exatamente. Quando saímos de casa num fim de tarde agradável entre as quatro e as seis, abandonamos o eu pelo qual nossos amigos nos conhecem e nos tornamos parte daquele vasto exército de vagabundos anônimos, cuja companhia é tão agradável depois da solidão do próprio quarto. Porque ali vivemos rodeados por objetos que perpetuamente expressam a estranheza de nosso próprio temperamento e reforçam as memórias de nossa própria experiência. Aquela tigela na cornija da lareira, por exemplo, foi comprada em Mântua, num dia de ventania. Estávamos saindo da loja quando a velha sinistra nos puxou pela saia e disse que um dia desses acabaria morrendo de fome, mas, "Leva!", gritou ela, empurrando a tigela de porcelana azul e branca para nossas mãos como se não quisesse ser lembrada por sua generosidade quixotesca. Então, culpados, embora suspeitando termos sido engambelados, levamos a tigela de volta para o hotelzinho onde, no meio da noite, o dono teve uma briga tão violenta com sua mulher, que todos se debruçaram sobre o pátio para olhar, e vimos as videiras enlaçadas entre as colunas e as alvas estrelas no céu. O momento foi estabilizado, cunhado como uma moeda indelével entre um milhão que escorregou imperceptivelmente. Ali também estava o inglês melancólico, que se ergueu entre as xícaras de café e as mesinhas de ferro e revelou os segredos de sua alma — como fazem os viajantes. Tudo isso — a Itália, a manhã de ventania, as videiras enroladas às colunas, o inglês e os segredos de sua alma — surgia numa nuvem da tigela de porcelana na cornija da lareira. E lá, quando baixamos os olhos para o chão, está a mancha marrom no tapete. O senhor Lloyd George tinha feito aquilo. "Esse homem é um diabo!", disse o senhor Cummings, pousando a chaleira com a qual estava prestes a encher o bule de chá, de modo que o calor marcaria um anel marrom no tapete.

Mas quando a porta é fechada, tudo desaparece. A cobertura à guisa de concha que nossas almas expeliram para se abrigar, para fazer para si uma forma distinta das outras, quebra-se, e o que resta de todas essas rugas e asperezas é uma ostra central de percepção, um olho enorme. Como é linda uma rua no inverno! É ao mesmo tempo revelada e obscurecida. Aqui vagamente podem ser traçadas avenidas simétricas e regulares de portas e janelas; aqui sob as lâmpadas flutuam ilhas de luz pálida por onde passam velozmente homens e mulheres iluminados, que, apesar de toda a sua pobreza e mesquinhez, exibem certo aspecto de irrealidade, um ar de triunfo, como se tivessem passado a perna na vida, e a vida, enganada por sua presa, avançasse sem eles. Mas, no fim das contas, estamos apenas deslizando suavemente pela superfície. O olho não é o mineiro, nem um mergulhador, ou garimpeiro de tesouros enterrados. Faz-nos flutuar docemente pela correnteza; descansando, repousando, talvez o cérebro durma enquanto olha.

Como é bela uma rua de Londres então, com suas ilhas de luz, e suas longas alamedas de escuridão, e num canto talvez algum espaço salpicado de árvores, relva crescida, onde a noite se retira para dormir naturalmente, e ao passar pela grade de ferro, ouvem-se os estalidos e o farfalhar de folhas e gravetos que parecem supor o silêncio dos campos ao redor, o pio de uma coruja, e ao longe o estremecer do trem no vale. Mas isso é Londres, somos lembrados; no alto, entre as árvores despida, pendem molduras retangulares de luz amarelo-avermelhada — janelas; há pontos brilhantes que cintilam constantemente como estrelas próximas —, lâmpadas; este terreno vazio, que contém em si o campo e sua paz, é apenas uma praça de Londres, cercada por escritórios e casas onde a esta hora ardem luzes cruéis sobre mapas, sobre documentos, sobre escrivaninhas onde funcionários folheiam com o indicador umedecido os arquivos de correspondências intermináveis; ou mais difusamente a luz do fogo oscila e a luz da lamparina cai sobre a privacidade de alguma sala de estar, suas poltronas, seus papéis, sua porcelana, sua mesa embutida e a silhueta de uma mulher, contando com exatidão a quantidade de colheres de chá que... Ela fita a porta como se tivesse ouvido a campainha no andar de baixo e alguém perguntando, ela está em casa?

Mas aqui devemos parar peremptoriamente. Corremos o risco de cavar mais fundo do que os olhos aprovariam; estamos impedindo nossa passagem à suave correnteza ao nos agarrar a um galho ou raiz. A qualquer momento, o exército adormecido pode se alvoroçar e despertar em nós mil violinos e trombetas em resposta; o exército de seres humanos pode se erguer e afirmar todas as suas esquisitices e sofrimentos e torpezas. Relaxemos um pouco mais, continuemos contentes só com as superfícies — o brilho lustroso dos ônibus a motor; o esplendor carnal dos açougues, com seus flancos amarelentos e bifes arroxeados; os ramalhetes de flores azuis e rubros ardendo com brio pelo vidro das vitrines dos floristas.

Porque o olho possui esta estranha propriedade: só descansa na beleza; como uma borboleta busca as cores e deleita-se na calidez. Em uma noite de inverno como esta, quando a natureza se esforçou para se enfeitar e reluzir, ele traz de volta os mais belos troféus, descobre pequenos montantes de esmeralda e coral como se a terra toda fosse feita de pedras preciosas. O que ele não pode fazer (estamos falando do olho mediano, não profissional) é compor esses troféus de modo a expor as relações e os ângulos mais obscuros. Portanto, depois de uma prolongada dieta dessa comida simples e açucarada, de beleza pura e sem composição, tomamos consciência da saciedade. Paramos na porta da sapataria e inventamos uma desculpinha, que nada tem a ver com o motivo real, para repelir a brilhante parafernália das ruas e nos retirar para algum quarto mais escuro do ser onde possamos perguntar, apoiando nosso pé esquerdo com obediência sobre o escabelo: "Então, como é ser uma anã?"

Ela entrou escoltada por duas mulheres que, sendo de estatura normal, ao seu lado pareciam gigantes benevolentes. Sorrindo para as vendedoras da sapataria, elas pareciam negar qualquer deformidade dela e garantir sua proteção. Ela tinha essa expressão rabugenta mas como desculpando-se por tudo, tão habitual nos rostos dos deformados. Necessitava da solicitude alheia, embora se ressentisse disso. Mas quando a vendedora foi chamada e as gigantes, sorrindo com indulgência, pediram sapatos para "esta senhora", e a vendedora lhe empurrou o pequeno escabelo, a anã pousou o pé sobre ele com uma impetuosidade que parecia reclamar toda a nossa atenção. Olhem só! Olhem só! parecia nos exigir, ao estender seu pé à vista de todos, que por certo era o pé bem formado e perfeitamente proporcional ao de uma mulher adulta. Era arqueado; era aristocrático. Toda a sua maneira de agir mudou quando ela olhou para ele apoiado no escabelo. Parecia tranquila e satisfeita. Cheia de autoconfiança. Ela mandou buscar sapato após sapato; experimentou um par atrás do outro. Levantou-se e fez piruetas em frente a um espelho que só refletia os pés calçando sapatos amarelos, sapatos castanhos, sapatos de couro de lagarto. Ergueu a sua pequena saia e exibiu as perninhas. Ela estava pensando que, afinal, os pés são a parte mais importante de uma pessoa; mulheres, dizia para si mesma, já foram amadas só por seus pés. Não vendo nada além de seus pés, ela talvez imaginasse que o restante de seu corpo emparelhasse com essas duas belezas. Ela estava com roupas surradas, mas disposta a gastar uma fortuna com sapatos. E como aquela era a única ocasião em que não temia ser observada, em que procurava na verdade chamar a atenção, estava disposta a utilizar qualquer artifício para prolongar a prova de calçados e a sua escolha. Olhem meus pés, parecia dizer, dando um passo para um lado e um para o outro. A vendedora, bem-humorada, deve ter lhe feito um comentário lisonjeiro, porque logo seu rosto se iluminou em êxtase. Mas, afinal, as gigantes, embora benévolas, tinham que tratar dos próprios assuntos; ela tinha que escolher; tinha que se decidir por um par. Por fim, o par foi escolhido e, ao sair entre suas guardiãs, com o pacote balançando do dedo, o êxtase se dissipou, retornaram-lhe o reconhecimento, a velha rabugice, o velho hábito de se desculpar, até que, ao chegar na rua, tinha voltado a se converter em nada mais do que uma anã.

Mas tinha mudado o humor; evocava uma atmosfera que, enquanto a seguíamos pela rua, parecia criar os corcundas, os tronchos, os deformados. Dois homens barbudos, aparentemente irmãos, de todo cegos, seguiam pela rua apoiando uma mão sobre a cabeça de um garotinho que andava entre eles. Tinham o caminhar inflexível e trôpego dos cegos, que parece oferecer à sua proximidade algo do terror e da inevitabilidade do destino que os alcançou. À medida que passavam, seguindo em frente, o pequeno comboio parecia cindir os transeuntes com a impetuosidade de seu silêncio, de sua franqueza, de seu desastre. A anã tinha de fato iniciado uma dança claudicante e grotesca a que todos na rua aderiam: a senhora robusta bem envolta numa lustrosa pele de foca; o garoto primário que chupava o castão prateado da bengala; o velho acocorado em um degrau da porta como se, de súbito vencido pelo absurdo do espetáculo humano, tivesse se sentado para vê-lo passar — todos se uniram ao cadente claudicar da dança da anã.

Em que greta e craquelado, alguém poderia perguntar, se abrigava essa estropiada companhia dos aleijados e dos cegos? Aqui, talvez, nos sótãos dessas estreitas casas velhas entre Holborn e Soho, onde as gentes têm nomes tão esquisitos e se dedicam a ofícios tão curiosos, estejam engastadores de folhas de ouro, plissadores de sanfonas, revestidores de botões ou os que ganham a vida de modo ainda mais fantástico, traficando xícaras sem pires, cabos de guarda-chuva de porcelana e retratos de santos mártires de cores saturadas. Lá residem, e até parece que a senhora envolta em pele de foca deve achar a vida tolerável, gastando o dia com o plissador de sanfonas, ou com o homem que reveste botões; uma vida tão fantástica não pode ser de todo trágica. Eles não nos invejam, vamos pensando, a nossa prosperidade; quando, de repente, quebrando a esquina, nos deparamos com um judeu barbudo, rústico, faminto, ostentando a sua miséria; ou passamos perto do corpo encurvado de uma velha afundando abandonada no degrau de um edifício público coberta com uma capa como aquela lançada com pressa sobre um burro ou um cavalo morto. Diante de tais visões, os nervos da espinha parecem se eriçar; um clarão repentino é agitado diante de nossos olhos; uma pergunta é feita que nunca encontra resposta. Com bastante frequência, esses abandonados escolhem ficar não longe dos teatros, ao alcance dos realejos, quase, à medida que a noite avança, ao alcance das capas de pedrarias e das pernas lustrosas de comensais e bailarinos. Eles ficam próximos daquelas vitrines em que o comércio oferece a um mundo de velhas abandonadas em degraus, de homens cegos, de anãs claudicantes, sofás sustentados pelos pescoços dourados de altivos cisnes; mesas postas com cestas de frutas coloridas; aparadores revestidos com mármore verde para melhor suportar o peso das cabeças de javali; e tapetes tão desbotados pelo tempo que os cravos já quase desparecem em um mar verde-pálido.

Ao passar, ao observar, tudo parece acidental, mas milagrosamente orvalhado de beleza, como se a maré do comércio que deposita sua carga tão pontual e prosaicamente nas margens de Oxford Street não deixasse para esta noite senão tesouros. Sem pensar em comprar, o olho é jovial e generoso; ele cria; ele adorna; ele amplia. Na rua, pode-se construir todos os cômodos de uma casa imaginária e mobiliá-los à vontade com sofá, mesa, tapete. Aquele capacho ficará bem no corredor. Essa tigela de alabastro ficará numa mesa entalhada junto da janela. Nosso regozijo se refletirá naquele espesso espelho oval. Mas tendo construído e mobiliado a casa, felizmente não há obrigação de adquiri-lo; podemos desmanchá-la num piscar de olhos, e construir e mobiliar outra casa com outras poltronas e outros espelhos. Ou nos permitamos o prazer de visitar as joalherias antigas, entre as gavetas de anéis e os mostruários de colares. Escolhamos essas pérolas, por exemplo, e então imaginemos como, se as usássemos, nossa vida mudaria. Logo serão duas ou três da manhã; as lâmpadas ardem muito alvas nas ermas ruas de Mayfair. Só os carros a motor estão circulando a essa hora, e há uma sensação de vazio, de arejo, de alegria isolada. Com as pérolas, com a seda, surgimos na varanda com vista para os jardins do adormecido Mayfair. Há algumas luzes acesas nos dormitórios de grandes nobres que retornam da Corte, de lacaios com meias de seda, de viúvas que apertaram as mãos de estadistas. Um gato esgueira pelo muro do jardim. Faz-se amor segredado, sedutoramente nos lugares mais recônditos da sala atrás de espessos cortinados verdes. Com andar sereno, como se estivesse passeando por um terraço sob o qual condados ingleses se estendem banhados pelo sol, o velho primeiro-ministro relata para Lady Fulana de Tal com penduricalhos e esmeraldas a verdadeira história de alguma grande crise nos assuntos do país. Temos a sensação de seguir no topo do mastro mais alto do maior navio; e no entanto, ao mesmo tempo sabemos que nada disso importa; o amor não é provado assim, tampouco, dessa forma, se alcançam as grandes conquistas; de modo que nos divertimos com o momento e nos acomodamos um pouco nas penas, parados na varanda assistindo ao gato banhado pelo luar se esgueirar ao longo do muro do jardim da princesa Mary.

Mas o que poderia ser mais absurdo? De fato, são quase seis horas; é uma tarde de inverno; vamos rumo ao Strand comprar um lápis. Como, então, estamos também em uma varanda, usando pérolas em junho? O que poderia ser mais absurdo? Mas é uma loucura da natureza, não nossa. Quando começou sua principal obra-prima, a criação do homem, ela deveria ter pensado numa só coisa. Ao contrário, virando a cabeça, olhando por cima do ombro para cada um de nós, permitiu que se esgueirassem instintos e desejos em total desacordo com esse ser principal, de modo que somos variegados, diversificados, todos uma mistura; as cores fugiram. O verdadeiro eu é o que está na calçada em janeiro, ou o que se debruça na varanda em junho? Estou aqui ou estou lá? Ou o verdadeiro eu não é nem este nem aquele, não está aqui nem lá, mas é algo tão variado e errático, que só quando soltamos a rédea de seus desejos e o deixamos seguir seu caminho sem impedimentos é que somos de fato nós mesmos? As circunstâncias exigem unidade; por questão de conveniência, um homem deve ser um todo. O bom cidadão, quando abre a porta de sua casa à noitinha, deve ser banqueiro, jogador de golfe, marido, pai; não um nômade deambulando pelo deserto, não um místico contemplando o céu, não um libertino nos antros de San Francisco, não um soldado que lidera uma revolução, não um pária uivando de ceticismo e solidão. Quando abre sua porta, ele corre os dedos nos cabelos e põe o guarda-chuva no armário, como os demais.

Mas aqui, bem a tempo, estão as livrarias de segunda mão. Aqui encontramos ancoradouro nessas correntes ondulantes do ser; aqui nos equilibramos após os esplendores e as misérias das ruas. A visão em si da esposa do livreiro com o pé na grade, sentada ao lado de um bom braseiro, na guarida da porta, é moderada e graciosa. Ela nunca está lendo, ou só lê o jornal; sua conversa, quando não trata da venda de livros, o que faz de bom grado, é sobre chapéus; ela gosta de praticidade num chapéu, diz ela, além de beleza. Ah, não, eles não moram no estabelecimento; moram em Brixton; ela precisa de um pouco de verde para olhar. No verão, um jarro de flores cultivadas em seu próprio jardim fica sobre uma pilha de livros empoeirados para animar a loja. Há livros por toda a parte; e sempre nos invade a mesma sensação de aventura. Os livros de segunda mão são livros selvagens; livros sem-teto; eles se reúnem em grandes bandos de pelagem variada e possuem um encanto que falta aos volumes domesticados da biblioteca. Além disso, nesta miscelânea que nos faz companhia ocasional, podemos esbarrar com um completo estranho que, com sorte, se transformará no melhor amigo que temos no mundo. Há sempre uma esperança, quando apanhamos um livro cinzento pálido da estante mais alta, seduzidos por seu ar de abandono e desamparo, de encontrar um homem que partiu a cavalo há mais de cem anos para explorar o mercado de lãs nas Midlands e no País de Gales; um viajante desconhecido, que ficava em hospedarias, bebia sua cerveja, tomava notas das mulheres bonitas e dos costumes sérios, e escrevia tudo com rigor e labor, por puro gosto (o livro fora publicado às suas próprias custas); era infinitamente prosaico, confuso e prático, e por isso mesmo se permitia entrar, sem que o percebesse, o perfume de malvas-rosa e feno com um retrato de si mesmo que lhe concedia um assento vitalício no canto mais aquecido junto da lareira da mente.¹ Agora se pode comprar por dezoito pences. Está etiquetado por três libras e seis pences, mas a mulher do livreiro, vendo como está gasta a capa e quanto tempo o livro leva ali desde que foi arrematado na liquidação da biblioteca de algum um cavalheiro em Suffolk, vai fazer um desconto.

Assim, dando uma olhada na livraria, fazemos outras repentinas e caprichosas amizades dessas com os desconhecidos e os desaparecidos cujo único registro é, por exemplo, este livrinho de versos, tão bem impresso e tão finamente ilustrado com um retrato do autor. Pois era um poeta e se afogou prematuramente, e seus versos, por mais formais e sentenciosos, singelos que sejam, ainda emitem um som frágil, como o de um realejo, tocado por um velho organista italiano com casaco de pele de cordeiro, resignadamente, numa rua de reputação duvidosa. Também há viajantes, filas e filas deles, testemunhando solteironas indômitas que foram, os incômodos de que padeceram e os pores do sol que admiraram na Grécia quando a rainha Vitória era ainda menina. Acreditava-se que uma viagem pela Cornualha, com uma visita às minas de estanho, era digna de fornecer um avolumado registro. As pessoas subiam lentamente o Reno retratando-se mutuamente com tinta nanquim, sentadas no convés lendo ao lado de um rolo de corda;

---

1. *"Inglenook"* é um espaço na parede que protege a lareira, criando uma espécie de recâmara com assentos; um ambiente convidativo à narração de histórias. (N. T.)

mediam as pirâmides; estavam perdidas da civilização por anos; converteram negros em pântanos pestilentos. Esse apanhar tudo e partir, explorar desertos e pegar febres, estabelecer-se na Índia por toda a vida, chegar até a China e então retornar para levar uma vida provinciana em Edmonton, tombando e batendo no piso polvorento como um mar bravo, tão bravo como são os ingleses, com as ondas batendo à própria porta. As águas da viagem e da aventura parecem quebrar em pequenas ilhas de esforço sério e trabalho de toda uma vida, colocadas em colunas derruídas no chão. Nessas pilhas de volumes encadernados de marrom-arroxeado com monogramas dourados na contracapa, clérigos cônscios exibem os evangelhos; eruditos devem ser ouvidos com seus martelos e cinzéis, lascando os antigos palimpsestos de Eurípedes e de Ésquilo. Pensar, anotar, expor seguem num ritmo prodigioso ao nosso redor e sobre tudo, com uma maré pontual e perene lavando o antigo mar da ficção. Inúmeros volumes contam sobre como Arthur amava Laura e como se separaram e ficaram infelizes e então se reencontraram e foram felizes para sempre, como costumava ser quando Vitória governava estas ilhas.

A quantidade de livros no mundo é infinita, e somos obrigados a espiar e assentir e avançar depois de um momento de conversa, de um lampejo de entendimento, como, lá fora na rua, uma palavra ouvida de passagem e uma frase ao acaso nos fazem imaginar uma vida inteira. É de uma mulher chamada Kate de que estão falando, de como "ontem à noite eu disse a ela sem papas na língua...

se você acha que eu não valho um centavo, eu disse...". Mas quem é Kate, e a que crise de amizade esse centavo se refere, nunca saberemos; pois Kate afunda no calor de suas volubilidades; e aqui, na esquina, é aberta outra página do volume da vida com a visão de dois homens que palestram sob um poste de luz. Estão tratando dos últimos telegramas de Newmarket nas notícias recém-impressas. Será que pensam que a fortuna um dia converterá seus farrapos em peles e casacos finos, prendendo-os com relógios de corrente e alfinetes de diamante ali onde agora está uma camisa rasgada? Mas o principal fluxo de transeuntes a esta hora passa rápido demais para que lhe façamos tais perguntas. Estão imersos, nesta breve passagem do trabalho para a casa, nalgum sonho narcótico, agora estão livres das mesas e sentem o ar fresco no rosto. Vestem aquelas roupas radiantes que devem pendurar e trancar à chave durante o resto do dia, e são grandes jogadores de críquete, atrizes famosas, soldados que serviram seu país no momento de necessidade. Sonhando, gesticulando, muitas vezes murmurando algumas palavras em voz alta, passam velozes pela Strand e cruzam a ponte Waterloo para logo se amontoar em longos trens estrepitosos rumo a alguma vila modesta em Barnes ou Surbiton, onde a vista do relógio na sala e o odor do jantar no porão rompem o sonho.

Mas chegamos à Strand agora, e enquanto hesitamos no meio-fio, uma pequena haste mais ou menos do comprimento de um dedo começa a medir a velocidade e a abundância da vida. "Eu tenho mesmo que — eu tenho mesmo que", é isso. Sem sondar a exigência, a mente é oprimida pelo costumeiro tirano. Temos que, sempre temos que, fazer uma coisa ou outra; simplesmente não é permitido só se divertir. Não foi por isso que, há algum tempo, forjamos a desculpa e inventamos a necessidade de comprar algo? Mas o que era mesmo? Ah, lembramos, era um lápis. Então vamos lá comprar esse lápis. Mas quando estamos a ponto de obedecer o comando, outro eu contesta o direito do tirano de insistir. Surge o conflito habitual. Dispersos atrás da vara do dever, vemos toda a dimensão do rio Tâmisa — amplo, lúgubre, pacífico. E o vemos através dos olhos de alguém que está debruçado sobre o aterro numa tarde de verão, sem nenhuma preocupação no mundo. Coloquemos a compra do lápis de lado; sigamos em busca dessa pessoa — e logo ficará evidente que essa pessoa somos nós mesmos. Porque se pudéssemos estar lá onde estávamos há seis meses, não voltaríamos a ser o que éramos — calmos, indiferentes, contentes? Tentemos então. Mas o rio é mais agitado e cinzento do que lembrávamos. A maré está correndo para o mar. Ela traz consigo um rebocador e duas barcaças, cujo carregamento de palha está firmemente amarrado e coberto com lona. Há, também, perto de nós, um casal debruçado sobre a balaustrada, com uma curiosa falta de constrangimento que os amantes têm, como se a importância do caso amoroso em que estão envolvidos merecesse sem questionamento a indulgência da raça humana. As paisagens que vemos e os sons que ouvimos agora não têm a qualidade do passado; tampouco compartilhamos a serenidade da pessoa que, há seis meses, esteve exatamente onde estamos agora. É dela a felicidade da morte; nossa, a insegurança da vida. Ela não tem futuro; o futuro está mesmo agora invadindo a nossa paz. Só quando olhamos para o passado e dele retiramos o elemento de incerteza podemos desfrutar uma perfeita paz. Do jeito que está, devemos nos virar, devemos cruzar outra vez a Strand, devemos encontrar uma loja onde, ainda a esta hora, estejam prontos a nos vender um lápis.

É sempre uma aventura entrar num lugar novo porque a vida e as personalidades de seus donos destilaram sua atmosfera nele, e tão logo entramos, sentimos algum novo tipo de emoção. Aqui, sem dúvida, aqui na papelaria havia gente brigando. A raiva foi atirada no ar. Ambos pararam de discutir; a velha — evidentemente eram marido e mulher — se recolheu no quarto dos fundos; o velho, cuja testa ovalada e olhos globulares teriam ficado bem impressos no frontispício de algum fólio elisabetano, ficou para nos atender. "Um lápis, um lápis", repetiu ele, "certamente, certamente". Ele falou com a distração, embora com a efusividade de alguém cujas emoções tinham sido despertas e reprimidas por completo. Começou a abrir caixa por caixa e a voltar a fechá-las. Disse que era muito difícil encontrar as coisas, porque guardavam muitos artigos diferentes. Ele se pôs a contar a história de um cavalheiro do ramo legal que se afogou nas águas profundas devido à conduta de sua mulher. Era um conhecido seu de muitos anos;

estava ligado ao Templo durante meio século, disse ele, como se quisesse que dos fundos sua esposa o escutasse. Virou uma caixa de elásticos. Por fim, exasperado por sua incompetência, puxou a porta vaivém e disse com aspereza: "Onde você botou os lápis?", como se sua mulher os tivesse escondido. A velha senhora surgiu. Sem olhar para ninguém, colocou a mão com ar de justa austeridade sobre a caixa certa. Ali estavam os lápis. Como ele poderia se virar sem ela? Não era indispensável para ele? Para poderem ficar ali, parados um ao lado do outro em forçosa neutralidade, era preciso ser específica na escolha do lápis; este era muito macio, aquele duro demais. Eles olhavam em silêncio. Quanto mais tempo ficavam ali, parados, mais se acalmavam; o furor estava diminuindo, a raiva foi se dissipando. Agora, sem que nenhum deles dissesse palavra, a briga estava resolvida. O velho, que seria digno de uma página de Ben Jonson, recolocou a caixa no devido lugar, fez uma larga reverência para nos dar boa-noite e desapareceu com sua mulher. Ela retornaria à costura; ele, à leitura do jornal; o canário espalharia neles o alpiste. A briga tinha terminado.

No correr daqueles minutos em que se buscou um fantasma, uma briga foi reconciliada, um lápis foi comprado e as ruas esvaziaram por completo. A vida se recolheu no andar de cima e as lâmpadas foram acesas. O pavimento estava seco e duro; a rua parecia de prata martelada. Voltando para casa a pé em meio à desolação, podíamos repassar a história da anã, dos cegos, da festa na mansão de Mayfair, da briga na papelaria. Em cada uma dessas vidas podíamos penetrar um pouco, longe suficiente para nos dar a ilusão de que não estamos presos a uma única mente, mas que podemos por breves instantes adotar o corpos e a mente de outros. Podíamos nos tornar uma lavadeira, um taberneiro, um cantor ambulante. E haveria maior deleite e maravilha do que abandonar as linhas retas da personalidade e desviar por essas sendas que conduzem por sob amoreiras e grossos troncos de árvores ao coração da floresta onde vivem essas bestas selvagens, nossos companheiros?

É verdade: escapar é o maior dos prazeres; rondar pelas ruas no inverno, a maior das aventuras. Ainda assim quando nos aproximamos outra vez de nossa porta, é reconfortante sentir as antigas posses, os antigos preconceitos nos rodeando; e o eu, que foi expelido em tantas esquinas, que se debateu como uma mariposa à chama de tantas lâmpadas inacessíveis, volta a se refugiar e se guardar. Aqui mais uma vez está a porta habitual; aqui a poltrona na mesma posição em que a deixamos e a tigela de porcelana e a mancha marrom circular no tapete. E aqui — analisemos com ternura, toquemos com reverência — está o único despojo que recuperamos de todos os tesouros da cidade, um lápis de grafite.

1930

O ENTARDECER EM SUSSEX: REFLEXÕES NUM AUTOMÓVEL

O entardecer é bondoso com Sussex, porque Sussex já não é jovem, e agradece o véu do entardecer como uma mulher idosa que se alegra quando uma pala encobre a lâmpada, e só a silhueta de sua face permanece. A silhueta de Sussex ainda é muito bela. As falésias se destacam do mar, uma após a outra. Todo o Eastbourne, todo o Bexhill, todo o St. Leonards, seus passeios e suas hospedarias, suas lojas de contas e suas confeitarias e seus cartazes e seus inválidos e suas charretes, tudo é obliterado. O que permanece é o que havia quando William veio da França há dez séculos: uma linha de falésias que adentra o mar. Também os campos são redimidos. As vilas vermelhas salpicadas na costa são banhadas por um estreito e translúcido lago de ar acastanhado, no qual elas se afogam com seu rubor. Ainda era muito cedo para lâmpadas; e cedo demais para estrelas.

No entanto, pensei, sempre permanece algum sedimento de irritação quando o instante é tão belo como agora. Os psicólogos devem explicar; alguém ergue o olhar e é tomado por uma beleza extraordinariamente maior do que poderia esperar — agora há nuvens rosadas sobre Battle; os campos estão manchados, marmorizados —, e nossas percepções expandem rapidamente como bolhas infladas por uma lufada de ar, e então, quando tudo parece elevado à sua maior plenitude e máxima tensão, com beleza e beleza e beleza, vem uma picada de alfinete; ela explode. Mas o que seria o alfinete? Pelo que entendi, o alfinete tinha algo a ver com nosso próprio sentimento de impotência. Não estou certa disso — não o posso expressar —, é algo que me toma — que me domina. Nalgum lugar dessa região estava nosso descontentamento; e ele estava aliado à ideia de que nossa natureza exige domínio sobre tudo o que recebe; e o domínio, neste caso, significa o poder de expressar o que víamos agora em Sussex de modo a compartilhar com outra pessoa. E além disso, houve outra picada do alfinete: a oportunidade estava sendo desperdiçada, porque a beleza que se expandia à nossa direita e à nossa esquerda, também por detrás de nós, vazava o tempo todo; só podíamos brandir um dedal diante de uma torrente capaz de encher banheiras, lagos.

Mas renuncie, disse eu (sabe-se que em circunstâncias como esta o eu se parte, e um fica ansioso e insatisfeito, e o outro, calado e filosófico), renuncie a essas aspirações impossíveis; contente-se com a vista à nossa frente, e acredite em mim quando digo que é melhor se sentar e se embeber; ser resignado; aceitar; e não se preocupar porque a natureza lhe deu seis canivetes para cortar o corpo de uma baleia.

Enquanto esses dois eus mantinham uma conversa sobre o proceder mais sábio que se deveria adotar na presença da beleza, eu (uma terceira parte agora se apresentava) disse para mim mesma como elas estavam felizes em desfrutar de uma atividade tão simples. Lá estavam sentadas enquanto o carro dava partida, reparando em tudo: uma pilha de feno; um telhado vermelho enferrujado; uma lagoa; um velho voltando para casa com a sacola nas costas; lá estavam sentados, combinando cada cor no céu e na terra de sua paleta, equipando modelos de estábulos e granjas de Sussex sob o rubro clarão que serviria no sombrio janeiro. Mas eu, por ser um pouco diferente, permaneci recolhida e melancólica. Enquanto elas continuavam ocupadas, eu disse a mim mesma: terminou, terminou; acabado, acabado; passado e encerrado, passado e encerrado. Sinto a vida deixada para trás à medida que a estrada fica para trás. Já passamos por esse trecho, e já fomos esquecidos. Lá, as janelas foram iluminadas por nossos faróis por um instante; agora a luz se foi. Outros vêm atrás de nós.

Então, subitamente, um quarto eu (um eu que está à espreita, aparentemente dormindo, e nos toma de assalto desprevenidos. Seus comentários são muitas vezes de todo desconexos do que está acontecendo, mas é necessário prestar atenção justamente por sua brusquidão) disse: "Olha só aquilo." Era uma luz, brilhante, caprichosa, inexplicável. Por um segundo, fui incapaz de nomeá-la. "Uma estrela"; e durante aquele instante, ela manteve seu estranho lampejo de imprevisibilidade e dançou e fulgurou. "Sei do que você está falando", disse eu. "Você, sendo o eu errático e impulsivo que é, sente que a luz que surge sobre as encostas pendula desde o futuro. Tentemos compreender isso. Raciocinemos. Eu me sinto de repente apegada não ao passado, mas ao futuro. Penso em Sussex daqui a quinhentos anos. Acho que muitas grosserias terão evaporado. Coisas terão sido queimadas, eliminadas. Haverá portões mágicos. Correntes de ar quente sopradas por energia elétrica limparão as casas. Luzes intensas e firmemente dirigidas percorrerão a terra, fazendo o trabalho. Veja aquela luz que se move na colina; são os faróis dianteiros de um carro. De dia e de noite, Sussex, daqui a cinco séculos, estará repleto de pensamentos encantadores, de feixes de luz velozes e eficazes."

O sol estava baixo na linha do horizonte. A escuridão se espalhava rapidamente. Nenhum dos meus eus podia ver nada além da luz cada vez mais atenuada de nossos faróis na cerca viva. Eu os convoquei de uma vez: "Chegou", disse eu, "o momento de acertar as nossas contas. Devemos nos reunir outra vez; temos que ser um só eu. Não se pode ver mais nada, exceto um meio-fio da estrada e a encosta que nossos faróis reiteram sem cessar. Estamos perfeitamente bem providos. Estamos bem abrigados e cobertos por uma manta de viagem; estamos protegidos do vento e da chuva. Estamos a sós. Chegou o momento do acerto de contas. Então, eu, que presido o grupo, vou pôr em ordem os troféus que trouxemos. Deixem-me ver; hoje, uma grande quantidade de beleza foi recolhida: granjas; falésias que adentram o mar; campos marmorizados; campos manchados; céus com plumas rubras; isso tudo. Também houve desaparecimento e morte do individual. A estrada estava desaparecendo e a janela se iluminou por um instante e logo tudo era escuridão. E então houve a súbita luz bailarina, suspensa no futuro. O que produzimos hoje, então", disse eu, "foi isto: essa beleza; morte do individual; e o futuro. Olhem, esboçarei uma pequena imagem para agradar-lhes; aqui está. Esta pequena imagem que avança através da beleza, através da morte para o futuro econômico, poderoso e eficiente em que uma lufada de vento quente limpará as casas lhes agrada? Olhem: aqui sobre meus joelhos". Ficamos sentados olhando a imagem que tínhamos produzido naquele dia. Grandes lajes de pedra, árvores frondosas ao redor. Por um segundo, foi algo muito, muito solene. Por certo, parecia que a realidade das coisas tinha sido revelada pela manta de viagem. Um violento calafrio nos estremeceu, como se nos tivesse perpassado uma descarga elétrica. Gritamos em uníssono: "Sim, sim", como afirmando algo, num instante de reconhecimento.

E então o corpo que ficara em silêncio até agora começou a cantar, a princípio quase tão baixo quanto o rumor das rodas: "Ovos e bacon; torradas e chá; lareira e um banho; lareira e um banho; lebre cozida", prosseguiu, "e geleia de groselhas vermelhas; uma taça de vinho, seguida de café, seguida de café — e depois para a cama e depois para a cama".

"Já para fora!", disse eu para meus eus reunidos. "Já fizeram seu trabalho. Estão dispensados. Boa noite."

E o resto da viagem transcorreu na deliciosa companhia de meu próprio corpo.

NOITE DE REIS[1] NO OLD VIC

Os shakespearianos se dividem, como bem se sabe, em três classes: aqueles que preferem ler Shakespeare nos livros, aqueles que preferem ver sua montagem no palco e aqueles que vão constantemente do livro ao palco recolhendo o espólio. Por certo muito se pode dizer a favor da leitura de *Noite de Reis* em livro se o livro pudesse ser lido num jardim, sem qualquer som senão o baque surdo de uma maçã na terra ou o farfalhar dos galhos das árvores com o vento. Para começar é preciso tempo — tempo não só para ouvir "o doce som que respira sobre uma mata de violetas", mas para decifrar as implicações daquela exata fala sutil quando o duque se embrenha na

---

1. *Twelfth Night*, título original da peça shakespeariana, refere-se à décima segunda noite depois do Natal, ou seja, a noite de 6 de janeiro, o Dia de Reis. Celebração importante na cultura britânica, nela é costume a troca de presentes e a diversão. (N. T.)

natureza do amor. Tempo também para anotações na margem; tempo para se maravilhar com sonoridades curiosas como "que a habitam; quando fígado, cérebro e coração", "E do tolo cavaleiro que trouxestes uma noite dessas" e se perguntar se foi delas que nasceu o adorável, "E o que farei eu em Ilíria? Meu irmão está no Elísio". Pois Shakespeare está escrevendo, ao que parece, não com a totalidade de sua mente mobilizada e sob controle, mas com antenas sensitivas que selecionam e jogam com as palavras de modo que o rastro de um vocábulo ao acaso é apanhado e perseguindo temerariamente. Do eco de uma palavra nasce outra, razão pela qual, talvez, a peça parece tremer continuamente enquanto a lemos, beirando a música. Estão sempre sugerindo canções em *Noite de Reis*, "Ah, companheiro, vamos, é a canção que escutamos à noite". No entanto, Shakespeare não estava tão profundamente apaixonado pelas palavras, mas poderia se virar e rir delas. "Aqueles que gracejam com as palavras muito em breve as tornam devassas." Ouve-se um ruído de riso e ali mesmo irrompe sir Toby, sir Andrew, Maria. As palavras em seus lábios são coisas que têm sentido; lançam-se e saltam com toda uma personalidade numa breve frase. Quando sir Andrew diz: "Alguma vez fui adorado", sentimos que o temos na palma da mão; um romancista levaria três volumes para nos conduzir a esse grau de intimidade. E Viola, Malvólio, Olívia, o duque — a mente transborda e entorna com tudo o que sabemos e adivinhamos sobre eles enquanto entram e saem por entre luzes e sombras do palco da mente, que nos perguntamos por que deveríamos prendê-los em corpos de homens e mulheres de carne e osso? Por que trocar este jardim pelo teatro? A resposta é que Shakespeare escreveu para o palco, e presumivelmente com razão. Dado que estão representando *Noite de Reis* no Old Vic, compararemos as duas versões.

Muitas maçãs podem cair em Waterloo Road sem serem ouvidas, e quanto às sombras, a luz elétrica consumiu todas elas. A primeira impressão que se tem ao entrar no Old Vic é esmagadoramente positiva e contundente. Parece que saímos das sombras do jardim para a ponte do Parthenon. A metáfora é confusa, mas o mesmo pode se dizer da cenografia. As colunas da ponte de certo modo sugerem um navio transatlântico combinado com o austero esplendor de um templo clássico. Mas o corpo é quase tão perturbador quanto a cenografia. As pessoas de fato de Malvólio, sir Toby, Olívia e do resto expandem nossos personagens anteriormente vistos para além de todo o reconhecimento. A princípio tendemos a lamentar. Você não é Malvólio, ou tampouco sir Toby, queremos lhes dizer, mas meros impostores. Ficamos pasmos diante das ruínas da peça, da caricatura da peça. E então pouco a pouco esse mesmo corpo, ou melhor, todos esses corpos juntos pegam a nossa peça e remodelam-na entre si. A peça ganha muito mais em robustez, em solidez. A palavra impressa parece impossível de ser reconhecida quando ouvida por outras pessoas. Nós a observamos se precipitar neste homem ou naquela mulher; nós os vemos rir ou encolher os ombros ou se virar para esconder o rosto.

A palavra ganha um corpo além de uma alma. E uma vez mais os atores param ou tropeçam em um barril ou estendem as mãos abertas, e a planura do texto impresso é quebrada como se por gretas ou precipícios; todas as proporções se alteram. Talvez o efeito mais impressionante na peça seja alcançado pela prolongada pausa que fazem Sebastião e Viola enquanto olham um para o outro em mudo êxtase de reconhecimento. O olhar do leitor talvez tenha passado superficialmente por esse momento. Mas aqui somos obrigados a parar e a pensar nele; e isso nos recorda que Shakespeare escreveu ao mesmo tempo para o corpo e para a mente.

Mas agora que os atores cumpriram sua tarefa adequada de consolidar e intensificar nossas impressões, começamos a criticá-los mais detalhadamente e a comparar sua versão com a nossa. Colocamos o Malvólio do senhor Quartermaine ao lado do nosso Malvólio. E a bem da verdade, seja qual for o erro, eles têm muito pouco em comum. O Malvólio do senhor Quartermaine é um cavalheiro esplêndido, cortês, solícito, bem-educado; um homem dotado de talento e humor, que não está em pé de guerra com o mundo. Jamais em sua vida surgiu um traço de vaidade nem uma gota de inveja. Se sir Toby e Maria o enganam, ele não se deixa iludir, podemos ter certeza, e sofre como qualquer cavalheiro que se preze suporta travessuras de um par de crianças tolas. Nosso Malvólio, por sua vez, era uma criatura complexa e fantástica, acometida pela vaidade, torturada pela ambição. Havia crueldade em suas provocações e um vislumbre de tragédia em sua derrota; sua ameaça final continha um terror fugaz. Mas quando o senhor Quatermaine diz: "Hei de me vingar de todo o vosso bando", sentimos apenas que o poder da lei será logo e eficazmente invocado. E o que fica então do "Ele evidentemente tem sido maltratado" de Olívia? E então Olívia. Madame Lopokova possui por natureza essa rara qualidade que não é possuída por pedido nem forçada pela vontade — o gênio da personalidade. Tem apenas de flutuar pelo palco, e tudo ao seu redor é passível, não uma mudança voraz, mas uma mudança leve, alegre; os pássaros cantam, as ovelhas são adornadas com guirlandas, vibram melodias no ar, e os seres humanos dançam indo de encontro entre si na ponta dos pés, repletos de afabilidade, simpatia e deleite. Mas nossa Olívia era uma dama majestosa; de compleição sombria, movimentos lentos e pouca afinidade. Não podia amar o duque nem mudar seus sentimentos. Madame Lopokova ama todo o mundo. Sempre está mudando. Suas mãos, seu rosto, seus pés, seu corpo inteiro sempre vibram em afinidade com o momento. Podia criar o momento, como demonstrou ao descer as escadas com Sebastião, momento de beleza intensa e comovente; mas ela não era nossa Olívia. Comparados a ela, o grupo cômico, sir Toby, sir Andrew, Maria, o tolo eram mais do que ingleses comuns. Vulgares, irreverentes, robustos, trauteavam suas palavras, rolavam sobre seus barris, atuavam magnificamente. Nenhum leitor, ousamos afirmar, poderia superar a Maria da senhorita Seyler em sua rapidez, sua inventividade, sua alegria, nem acrescentar o que fosse aos humores do sir Toby do senhor Livesey. E a senhorita Jeans como Viola foi satisfatória; e o senhor Hare como Antônio, admirável; e o palhaço do senhor Morland foi um bom palhaço. O que, então, faltava à peça como um todo? Talvez que não fosse um todo. O erro poderia provir em parte de Shakespeare. É mais fácil interpretar sua comédia do que sua poesia, poderíamos supor, pois quando escrevia como poeta, tendia a escrever rápido demais para a língua humana. A prodigalidade de suas metáforas pode ser vislumbrada pelo olho, mas a voz falada titubeia no meio do caminho. Daí que a comédia estava desproporcional ao resto. Então talvez os atores estivessem carregados demais de individualidade ou elencados com demasiada incongruência. Dividiram a obra em partes separadas — agora estávamos nos bosques da Arcádia, agora em alguma taberna em Blackfriars. A mente, ao ler, tece uma rede de cena em cena, compõe um fundo de maçãs caindo, do badalar do sino da igreja e de um voo fantástico da coruja que mantém a peça arrematada. Aqui essa continuidade foi sacrificada. Saímos do teatro em posse de muitos fragmentos brilhantes, mas sem a sensação de que todas as coisas conspiram e harmonizam entre si, que pode ser a culminância satisfatória de uma encenação menos brilhante. No entanto, a peça cumpriu seu propósito. Ela nos fez comparar nosso Malvólio com o do senhor Quatermaine, nossa Olívia com a da madame Lopokova, nossa leitura de toda a peça com a do senhor Guthrie; e já que todas elas diferem, devemos voltar a Shakespeare. Devemos reler *Noite de Reis*. O senhor Guthrie o tornou necessário, estimulando nosso apetite por *O jardim das cerejeiras*,[2] *Medida por medida* e *Henrique VIII*, e o que ainda estiver por vir.

1933

---

2. Peça de Tchékhov, encenada pela primeira vez em 1904. (N. T.)

O HOMEM NO PORTÃO

O homem era Coleridge como o viu De Quincey, parado num portão. Porque é inútil colocar a única palavra Coleridge no cabeçalho de uma página — Coleridge, o inumerável, o mutável, o atmosférico; Coleridge que é parte de Wordsworth, Keats e Shelley; de sua época e da nossa; Coleridge cujas palavras escritas preenchem centenas de páginas e transbordam incontáveis margens; cujas palavras faladas ainda reverberam, de modo que, quando ingressamos em seu âmbito de influência, ele não parece um homem, mas um enxame, uma nuvem, um zumbido de palavras, disparando de um lado para outro, aglomerando-se, estremecendo e pendendo suspenso. Tão pouco disso pode ser retido na rede de qualquer leitor, que bem antes ficamos atordoados no labirinto chamado Coleridge para conseguir formar a sua nítida imagem diante de nós — a imagem de um homem parado no portão:

... sua pessoa era ampla e robusta, e tendia até à corpulência, sua pele era clara... seus olhos eram grandes e de expressão doce, e foi graças a sua peculiar aparência de névoa ou devaneio, que se misturava com sua luz, que reconheci meu objeto.

Isso foi em 1807. Coleridge já não era capaz de se mover. A gota negra de Kendal havia lhe roubado sua vontade. "Você me pede que me levante... vai, pede a um paralítico de ambos os braços que os esfregue com vigor." Os braços já pendiam inertes ao longo do corpo; estava debilitado para erguê-los. Mas a doença que paralisou sua vontade deixou sua mente incólume. Quanto mais incapacitado se tornava para a ação, mais capacitado se tornava para sentir. Parado no portão, sua vasta extensão de ser era um alvo passivo de inúmeras flechas, todas elas pontiagudas, muitas delas envenenadas. Confessar, analisar, descrever era o único alívio de sua espantosa tortura — a única rota de fuga do prisioneiro.

Assim molda-se nos volumes de cartas de Coleridge uma colossal massa de matéria trêmula, como se o enxame estivesse aderido a um galho e dele pendesse. As frases rolam como gotas numa janela; cada gota arrasta a gota seguinte, mas quando chegam ao pé, o vidro está manchado. Um grande romancista, Dickens de preferência, poderia ter construído a partir desse enxame e dessa dispersão um personagem prodigioso, imortal. Dickens, se pudesse ter sido induzido a escutar, teria observado — talvez isto:

Profundamente ferido por palavras muitas desrespeitosas pronunciadas a meu respeito, eu, que tenho lutado como estou pela vida, e ainda conseguido me manter de pé e conservar minhas relações de modo alguns indignas de minha Família...

Ou ainda:

A pior parte das acusações foi que eu tinha sido bastante imprudente e, em segundo lugar, bastante rude e indelicado ao enviar um criado de um cavalheiro, estando em sua casa, para buscar uma garrafa de conhaque numa taberna...

Ou então:

Que grande alegria não seria para a senhorita ou para mim, miss Betham! Conhecer um Milton num futuro próximo!

E mais uma vez, ao aceitar um empréstimo:

Mal consigo me recompor o bastante para expressá-lo a você — primeiro, que recebo esta prova de sua amabilidade filial com sentimento não indigno do mesmo... além do que, quando (e se) minhas circunstâncias melhorarem, você deverá me permitir que relembre que aquele que foi, e *para sempre* e sob *todas* as condições de sorte será, *tido* como um *presente*, se tornou um Empréstimo — e por fim, que você deverá permitir que eu o considere como um amigo próximo em cujas visitas posso confiar sempre que sua comodidade lhe permitir...

A mesma voz (drasticamente abreviada) do mesmíssimo Micawber!

Mas existe uma diferença. Pois esse Micawber sabe que é Micawber. Ele segura um espelho na mão. É um homem exageradamente inibido, dotado de um espantoso poder de autoanálise. Dickens precisaria ser duplicado com Henry James, ser triplicado com Marcel Proust, para expressar a complexidade e o conflito de um Pecksniff que despreza sua própria hipocrisia, de um Micawber que é humilhado por sua própria humilhação. Ele é feito de tal maneira que pode ouvir o crepitar de uma folha, embora permaneça obtuso às reclamações da esposa e dos filhos. Uma carta ainda fechada produz grandes gotas de suor em sua testa; mas erguer a pena e respondê-la está além de suas possibilidades. O Coleridge de Dickens e o Coleridge de Henry James o despedaçam perpetuamente. Um pede secretamente ao senhor Dunn, o boticário, mais uma garrafa de ópio. O outro analisa os motivos que o levaram a essa hipocrisia numa infinidade de pequenos fragmentos.

Assim, quando lemos os "garranchos galopantes" das cartas enviadas de Highgate em 1820, frequentemente parecemos ler as notas de uma obra tardia de Henry James. Ele é o pioneiro de todos os que pretenderam revelar as complexidades, capturar os desdobramentos mais sutis da alma humana. As grandes frases guardadas em parênteses, estendidas com traço depois de traço, rompem seus limites na intenção de incluir e qualificar e sugerir tudo o que Coleridge sente, teme e vislumbra. Por vezes, ele é prolixo até beirar a incoerência, e seu sentido mingua e se desvanece num fragmento no horizonte da mente. No entanto, em nossa época da língua presa existe alegria nesse abandono imprudente à glória das palavras. Mimadas, bolinadas, despejadas à mancheia, as palavras constroem aquelas frases deslumbrantes que pendem como frutas maduras da frondosa árvore de sua imensa volubilidade. "Carrancudo, cabisbaixo, *estranho*"; ali está Hazlitt. E sobre o doutor Darwin: "Era como um pombo espicaçando grãos, eliminando-os depois com acrescido excremento." Qualquer coisa pode sair dessa bocarra; a crítica mais sutil, a burla mais cruenta, a condição exata de suas tripas. Mas ele quase sempre utiliza as palavras para expressar as crepitações de sua suscetibilidade apreensiva. Servem de cortina de fumaça entre ele e a ameaça do mundo real. A tela de palavras tremula e estremece. Qual inimigo se aproxima? Nada que não seja visível a olho nu. E no entanto, como tremula e estremece! Hartley, "o pobre Hartley... para fugir da dor momentânea de dizer a pura verdade, uma verdade que não traga descrédito nem a ele nem a mim, várias vezes tem me infligido uma dor e uma confusão perturbadora" — através de qual violação da moral ou descuido de dever? — "trazendo o senhor Bourton, inesperadamente aos domingos, com o propósito de jantar aqui". E isso é tudo? Ah, mas um corpo enfermo sente a punhalada da angústia com a simples pisada num grão de milho. A angústia percorre todas as fibras de seu ser. Ele próprio não escolheu muitas vezes a dor momentânea de dizer a pura verdade? Por que não tem casa para oferecer ao próprio filho, não tem mesa para onde Hartley pode levar seus amigos indesejáveis? Por que ele vive como um estranho na casa de amigos e é (no momento) incapaz de contribuir com sua parte nas despesas domésticas? A velha linha de pensamentos amargurados é posta em marcha mais uma vez. Ele é um único zumbido e vibração de emoções dolorosas. E então, fugindo daquilo tudo, ele se refugia no pensamento e oferece a Hartley "em suma, a soma de todas as minhas leituras e reflexões sobre a grande Roda da Mitologia do mais simples e puro Paganismo". Hartley tem de se nutrir disso e codear carne fria e picles nalguma taberna.

A escrita de cartas era ao seu modo um substituto do ópio. Em suas cartas, ele podia persuadir os outros a acreditar no que ele mesmo não acreditava por completo — que na verdade havia escrito os fólios, os quartos, os oitavos que estava planejando. As cartas também o aliviavam daquelas ideias perpetuamente pululantes que, como os sapos-do-surinã, como dizia ele, sempre estavam dando à luz girinos que "crescem rápido e desviam toda a atenção da rã materna". Nas cartas, os pensamentos não precisam chegar a conclusões. Alguém sempre estava interrompendo e então ele podia soltar a pena e se abandonar no que era, afinal, melhor do que escrever — a "inseminação" de ideias sem o impedimento de qualquer impedimento grosseiro de palavras pronunciadas ao receptivo, aquiescente e inteiramente passivo ouvido do, digamos, senhor Green, que tinha chegado pontualmente às três horas. Mais tarde, se fosse quinta-feira, chegariam políticos, economistas, músicos, empresários, senhoras elegantes, crianças — pouco importava quem fosse, contanto que ele pudesse falar e eles escutassem.

Dois piedosos editores americanos reuniram os comentários desta variada comitiva[1] e esses comentários são, é claro, variados. No entanto é a única maneira de chegar à verdade — quebrá-la em muitos estilhaços de muitos espelhos e logo selecionar. A verdade sobre Coleridge, o conversador, parece ter sido a de que ele arrebatara alguns de seus ouvintes até o sétimo céu; enfadara outros até a morte; e fizera uma garota tola rir sem parar. Do mesmo modo seus olhos eram castanhos para alguns, cinzentos para outros e até de um azul muito luminoso. Mas existe um ponto em que todos os seus ouvintes concordam: nenhum deles se lembra de uma só palavra do que ele disse. Todos, no entanto, concordam em assombrosa unanimidade que era "como" — as ondas do oceano, as correntezas de um rio poderoso, o esplendor da aurora boreal, o resplendor da Via Láctea. Quase todos estão igualmente de acordo que ondas, rio, aurora boreal e Via Láctea não davam, como o expressou concisamente Lady Jerningham, "conta". A partir de seus relatos, fica claro que evitava a contradição, detestava a personalidade, não importava absolutamente com quem você fosse; só precisava do som de uma respiração ou de

---

1. *Coleridge the Talker*; ed. Richard W. Armour e Raymond F. Howes. (N. A.)

um farfalhar de saias para pôr em andamento seu bando de pensamentos sonhadores e lançar luz sobre o brilho e a magia que jaziam latentes na carne letárgica. Será que essa mistura de corpo e mente em seu discurso emanava daquela fumaça hipnótica que embalava o público até a sonolência? Ele agia enquanto falava; agora, se percebia que o interesse começava a decair, apontava para um quadro ou acariciava uma criança e, quando chegava o momento de sair de cena, se apoderava de um candelabro majestoso e, sem deixar de discursar, desaparecia. Assim fascinados por gesto e voz, por pestanas e olhos brilhantes, ninguém, como aponta Crabb Robinson, poderia tomar nota de nada. É então em suas cartas, onde o corpo do autor era suprimido, que temos o melhor registro do canto da sereia. Ali, escutamos a voz que começou a falar aos dois anos — dizem que suas primeiras palavras foram "doutor Young asqueroso"; e prosseguiu no quartel, no convés, nos púlpitos, nas carruagens — não importava onde se encontrava nem com quem, poderia ser tanto Keats quanto o menino da padaria —, ele continuou, sem descanso, falando de rouxinóis, sonhos, da vontade, da volição, da razão, do entendimento, monstros e sereias, até que uma garotinha, tomada pela magia do sortilégio, explodiu em lágrimas, quando a voz emudeceu e a deixou sozinha num mundo silencioso.

Também nós, quando a voz se cala apenas meia hora antes de sua morte naquele dia de julho de 1834, nos sentimos desolados. Foi durante horas ou durante anos que esse homem corpulento, parado junto a um portão, despejou seu apaixonado solilóquio, enquanto seus "grandes olhos doces, com uma expressão peculiar de névoa ou devaneio, misturados com luz" fitaram numa visão longínqua que lhe permitiu encher algumas poucas páginas com poemas em que cada palavra é exata e cada imagem tão clara como o cristal?

Setembro de 1940

SARA COLERIDGE

Coleridge também deixou filhos de seu corpo. Um deles, sua filha Sara, era uma continuação de sua pessoa; não de sua carne de fato, já que ela era diminuta, etérea, mas de sua mente, de seu temperamento. Ela viveu a totalidade de seus quarenta e oito anos à luz de seu ocaso, de modo que, como outros filhos de grandes homens, ela é uma figura sarapintada de claros e escuros flutuando entre um resplendor já esvaecido e a luz de cada dia. E, como tantas outras obras de seu pai, Sara Coleridge permanece inconclusa. O senhor Griggs[1] escreveu sobre sua vida de maneira exaustiva, não isenta de compaixão; mas ainda... há reticências. Esse fragmento extremamente interessante, sua autobiografia, termina com três linhas

---

1. *Coleridge Fille: A Biography of Sara Coleridge*, Earl Leslei Griggs. (N. A.)

de reticências depois de vinte e seis páginas. Ela pretendia, segundo diz, concluir cada capítulo com uma lição ou uma reflexão. E então "ao lembrar de minha mais terna infância, descobri a reflexão predominante...". E ali ela se deteve. Mas diz muitas coisas nessas vinte e seis páginas, e o senhor Griggs agregou outras que nos tentam a completar as reticências, embora não com fatos que a própria Sara poderia ter revelado.

"Permita-me a mesma sensação de sua doce Carne, o mesmo semblante e o mesmo movimento de sua boca — Ai, eu poderia ir à loucura por ela", escreveu Coleridge quando ela era um bebê. Era uma criança adorável, delicada, de olhos grandes, tristonha mas ativa, muito tranquila mas sempre em movimento, como um poema de seu pai. Recordava de como Coleridge a levara quando menina para passar uma temporada com os Wordsworth em Allan Bank.

A dura vida do campo lhe parecia desagradável e, para sua grande vergonha, eles a banhavam num cômodo onde os homens entravam e saíam. Delicadamente vestida com renda e musselina, porque seu pai gostava do branco para meninas, ela contrastava com Dora, com seus olhos indômitos e seu cabelo loiro vaporoso e seus vestidos de cor azul-prussiano ou púrpura — porque Wordsworth gostava de roupas coloridas. A visita foi repleta de tais contrastes e conflitos. Ela era mimada e acarinhada por seu pai. "Eu adormecia com ele me contando contos de fadas, indo para cama à meia-noite ou à uma da manhã..." Então chegou sua mãe, a senhora

Coleridge, e Sara procurou refúgio nessa mulher honesta, doméstica, maternal e piedosa, "desejei nunca me separar dela". Diante disso — a lembrança continuava sendo amarga —, "meu pai se mostrou descontente e me acusou de carência de afeto. Eu não entendia por quê... Acho que o motivo de meu pai", refletiu ela mais tarde, "talvez fosse o de manter meu afeto junto dele... Eu escapava e me escondia no bosque, atrás da casa".

Mas era seu pai quem lhe alcançava uma vela quando despertava aterrorizada por um cavalo com olhos de fogo. Ele também tivera medo do escuro. Com aquela vela a seu lado, ela perdia o medo e permanecia desperta, escutando o som do rio, o golpe do martelo na forja e os gritos dos animais perdidos nos campos. Os sons assombraram-na durante toda a vida. Nenhum campo, nenhum jardim, nenhuma casa jamais poderiam se comparar com os Fells, o gramado em forma de ferradura e o cômodo com três janelas que davam vista para o lago e as montanhas. Ela ficava ali sentada enquanto seu pai, Wordsworth e De Quincey iam de um canto a outro conversando. Não podia compreender o que diziam, mas "costumava me chamar a atenção o lenço pendurado de seu bolso e eu desejava o tomar". O lenço desapareceu quando ela era menina, e seu pai com ele. Depois disso, "nunca vivi com ele mais de umas poucas semanas por vez", escreveu ela. Um quarto preparado sempre o esperava em Greta Hall, mas ele jamais apareceu. Logo os irmãos, Hartley e Derwent, também desapareceram; e a senhora Coleridge e Sara passaram a viver com o tio Southey, cientes de sua dependência e se ressentindo dela. "Greta Hall era uma casa de servidão para ela", escreveu Hartley. Mas ali estava a biblioteca do tio Soutley; e graças a esse homem admirável, erudito e infatigável, Sara chegou a dominar seis idiomas, traduziu Dobritzhoffer do latim, ajudou a pagar pela educação de Hartley e obteve as qualificações para, caso acontecesse o pior, poder ganhar a vida. "Se fosse necessário", escreveu Wordsworth, "estaria bem preparada para trabalhar como governanta na família de um nobre ou de um cavalheiro... Ela é de uma inteligência notável".

Mas foi a sua beleza que tomou de assalto seu pai, quando aos vinte anos foi visitá-lo em Highgate. Sabia que ela tinha uma boa formação, e disso ele se orgulhava, mas não estava preparado, diz o senhor Griggs, "para a deslumbrante e adorável visão que atravessou o limiar da porta num dia frio de dezembro". As pessoas levantaram-se de seus lugares quando ela entrou em um salão público. "Eu vi a senhorita Coleridge", escreveu Lamb, "e quem me dera tivesse semelhante — filha". Coleridge queria ter mantido para si semelhante filha? O ciúme paterno foi despertado naquele homem obstinado e exageradamente suscetível quando Sara conheceu seu primo Henry em Highgate e quase de imediato, ainda que em segredo, lhe deu seu colar de coral em troca de um cacho do cabelo dele? Que direito teria um pai, que nem sequer podia oferecer para a filha um quarto, de saber do compromisso ou de se opor a ele? Só podia temer, presa de inumeráveis sensações conflitantes diante da ideia de que seu sobrinho, cujo livro sobre as Antilhas lhe causara má impressão, estivesse lhe roubando aquela sua filha que, como Christabel, era sua obra-prima, mas que, como Christabel, estava incompleta. Tudo que podia fazer era lançar mão de seu sortilégio. Ele falou. Pela primeira vez, desde que era mulher-feita, Sara o ouviu falar. Depois, não pôde mais lembrar uma única palavra do que ele dissera. E se sentiu compungida. Em parte, devido a que

> Meu pai geralmente discorria numa escala muito ampla... Henry às vezes conseguia puxá-lo para temas mais estritos, mas quando estava só comigo, quase sempre transitava por uma rua ladrilhada de estrelas, e sua ronda arrebatava o céu inteiro.

Ela também era uma caçadora do céu; mas naquele momento "estava angustiada com meus irmãos e suas perspectivas — com a saúde de Henry e com assuntos relativos ao meu noivado em geral". Seu pai ignorou tais coisas. A mente de Sara vagava.

O jovem casal, no entanto, teve compensações por aquela desatenção momentânea. Escutaram sua voz pelo resto de suas vidas. No batismo do primogênito de Sara, Coleridge falou por seis horas seguidas sem parar. Trabalhador como era, delicado, sociável e amante do prazer, Henry sucumbiu ao feitiço do tio Sam e ajudou sua esposa durante toda a vida. Ele anotava, editava e escrevia tudo o que podia lembrar daquela voz maravilhosa. O mais árduo labor, no entanto, recaiu sobre Sara.

Ela se converteu, segundo disse, em governanta daquele palácio entulhado. Ela seguia as leituras do pai, verificava suas citações, defendia seu caráter, rastreava anotações em inumeráveis margens, revirava pilhas de papéis, reunia possíveis começos, suplementando-os não com fins, mas com continuações. O trabalho de todo um dia podia se resumir a uma correção. O gasto com táxis até redações de jornais aumentou; a vista dela, por não poder pagar uma secretária, sentiu o esforço; mas enquanto havia uma página obscura, um fecho duvidoso, uma referência sem verificação, uma calúnia ainda não refutada, "a pobre, querida e infatigável Sara", como a chamava a senhora Wordsworth, continuava trabalhando. E grande parte de seu trabalho perdurou; os editores ainda se sustentam nas bases que ela estabeleceu.

Muito disso não foi autossacrifício, mas autorrealização. Sara se deu conta do pai, naquelas páginas borradas, de que não tinha se dado conta em pessoa; e se deu conta de que ele era ela própria. Ela não imitava seu pai, insistia; ela era o próprio. Por vezes continuava os pensamentos de Coleridge como se fossem seus. Ela até não arrastava um pouco os pés ao caminhar, como ele fazia? Mas, embora tenha passado metade de sua vida refletindo sobre esse resplendor esvaecido, também passou a outra metade sob a luz de cada dia — em Chester Place, Regents Park. Crianças nasciam e crianças morriam. Sua saúde ficou debilitada; herdara os nervos desequilibrados de seu pai; e, como seu pai, necessitava do ópio. Pateticamente, ela desejava que fossem concedidos "três anos de folga sem conceber filhos". Mas desejava em vão. Então Henry, cuja alegria tantas vezes a arrastou para fora do obscuro abismo, morreu jovem, deixando suas notas inconclusas, e também dois filhos, e muito pouco dinheiro, e muitos cômodos ainda por varrer na grande casa do tio Sam.

Ela continuou trabalhando. Em sua desolação, era seu consolo, talvez seu ópio. "As coisas da mente e do intelecto me provocam um intenso prazer; me deleitam e me divertem tal como são... e por vezes penso que o resultado foi amplo demais, a colheita abundante demais, em relação à minha satisfação interior. Isso é perigoso..." Ideias proliferavam. Como seu pai, tinha na cabeça um sapo-do-surinã, que engendrava muitíssimos outros sapos. Mas os dele eram suntuosos; os de Sara, simples. Era difusa, incapaz de concluir e não tinha a magia que a instava ao término. Ela gostaria, se tivesse sido capaz de levar a cabo, de ter escrito — sobre metafísica, sobre teologia, algum livro sobre crítica. Ou ainda, a política a interessava muito, como as pinturas de Turner. Mas "qualquer que fosse o tema que começasse, me sentia incomodada a menos que o pudesse prolongar em todas as direções até os limites mais distantes do pensamento... Era por isso que meu pai escrevia por arrebatamento. Não tolerava completar incompletamente". De modo que, livro em mãos, pena suspensa, os grandes olhos nublados por uma névoa onírica, ela imaginava — "colher flores e encontrar ninhos e explorar algum esconderijo particular, como costumava fazer quando era criança caminhando com meu tio Southey...".

Então, as crianças interromperam. Com o filho, o brilhante Herbert, leu diretamente dos clássicos. Não havia, objetou o senhor juiz Coleridge, passagens em Aristófanes que seria conveniente pular? Talvez... No entanto, Herbert abocanhou todos os prêmios, ganhou todas as bolsas de estudos, quase a deixou louca tocando trompa e, como seu pai, amava as festas. Sara o acompanhava nos bailes, vendo-o dançar uma valsa e outra. Tinha mandado ajustar para sua filha Edith os adoráveis vestidos que Henry lhe dera. Em muitas ocasiões, jantava duas vezes, estava entediada. Preferia os jantares festivos em que se entretinha falando de igual para igual com Macaulay, tão parecido de feição com seu pai, e com Carlyle, "o precioso arquicharlatão", como ela o chamava. Os jovens poetas, como Aubrey de Vere, buscavam sua companhia. Ela era uma dessas pessoas, disse De Vere, "que desenvolvem seus pensamentos à medida que falam". Quando ele se foi, os pensamentos de Sara o seguiram por longas, longuíssimas cartas, divagando sobre batismo, regeneração, metafísica, teologia e poesia antiga, presente e futura. Como crítica, ao contrário de seu pai, jamais sulcou caminhos de luz; era uma fertilizadora, não uma criadora; uma leitora que cavava e fazia túneis, que jogava para fora montinhos, enquanto lia pelo caminho Dante, Virgílio, Aristófanes, Crashaw, Jane Austen e Crabbe, para emergir de súbito, intrépida, na própria face de Keats e de Shelley. "De bom grado, os meus olhos", escreveu Sara, "poderiam discernir o futuro no passado".

Passado, presente e futuro sarapintaram-na com uma estranha luz. Ela estava confusa por dentro; e ainda dividida, como no bosque atrás da casa, entre duas lealdades: ao pai, que lhe contava contos de fadas na cama; e à mãe — Frettikins, como ela a chamava —, a quem ela se agarrou na carne. "Querida mãe", exclamava ela, "que mulher honesta, simples, vital e afetuosa era, quão livre de disfarces ou artifícios...". Ora, até sua peruca, ela tinha cortado todo o cabelo quando era garota, "era seca, áspera e hirta como uma palha, e igualmente curta e espigada". A peruca e as pestanas — ela compreendia ambas. Se tivesse pulado a moral, poderia ter nos contado muito sobre aquele estranho casamento. Queria escrever sua vida. Mas foi interrompida. Havia um caroço em seu seio. O senhor Gilman, consultado, detectou um câncer. Ela não queria morrer. Não tinha terminado de editar as obras do pai; não tinha escrito sua própria obra, porque não gostava de concluir inconclusamente. Mas morreu aos quarenta e oito anos, deixando, como seu pai, uma página em branco coberta de reticências e dois versos:

Father, no amaranths e'er shall wreathe my brow, —
Enough that round thy grave they flourish now.

Pai, de amarantos não serei cingida —
Floresçam ao redor da tua jazida.

Setembro de 1940

"NÃO ERA UM DE NÓS"[1]

O professor Peck não pede desculpas por ter escrito uma nova vida de Shelley, nem oferece nenhum motivo para voltar a fazer o que já estava feito exaustivamente, nem os novos documentos que chegaram às suas mãos são de grande importância. E, no entanto, ninguém lamentará a existência de outros dois volumes espessos, ilustrados, cuidadosos e conscienciosos, consagrados a narrar mais uma vez uma história que todo o mundo sabe de cor. Há certas histórias que devem ser recontadas para cada nova geração, não que tenhamos algo de novo a lhes acrescentar, mas porque possuem a estranha qualidade de não ser só a história de Shelley, mas a nossa. Eminentes e perduráveis se destacam na linha do horizonte, são como sinais

---

1. Uma resenha de *Shelley: His Life and Work*, de Walter Edwin Peck, outubro de 1927. (N. A.)

pelos quais passamos ao navegar, que se movem à medida que nos movemos e, no entanto, permanecem fixos.

Muitas dessas mudanças de orientação a respeito de Shelley têm sido registradas. No transcorrer de sua própria vida, todos, exceto cinco pessoas, consideravam-no segundo admitiu o próprio Shelley, "um raro prodígio de crime e toxidez, de quem mesmo uma olhadela podia ser tóxica". Sessenta anos mais tarde, foi canonizado por Edward Dowden. Mathew Arnold voltou a reduzi-lo à escala humana comum. É impossível dizer quantos biógrafos e ensaístas o absolveram ou condenaram desde então. E agora nos coube decidir que tipo de homem era Shelley; de modo que lemos os dois volumes do professor Peck, não para descobrir novos fatos, mas para definir com maior precisão a imagem de Shelley em relação à imagem mutável que temos dele.

Se esse for o nosso propósito, nunca existiu um biógrafo que brindasse seus leitores com mais oportunidades de êxito do que o professor Peck. Ele é singularmente desapaixonado, mas não lhe falta cor. Tem opiniões, mas não as impõe. Sua atitude para com Shelley é amável, mas não condescendente. Não faz rapsódias, tampouco repreende. Só existem dois aspectos em que parece expressar uma parcialidade pessoal: primeiro, que Harriet foi uma mulher injustiçada; segundo, que a importância política da poesia de Shelley não tem sido considerada em seu exato valor. Talvez pudesse nos poupar da análise detalhada de tantos poemas. Quase não temos necessidade de saber quantas vezes se mencionam montanhas e precipícios na obra de Shelley. Mas como cronista de grande erudição e lucidez, o professor Peck é admirável. Aqui, parece nos dizer, está tudo o que se sabe de fato sobre a vida de Shelley. Em outubro fez isto; em novembro fez aquilo; foi em tal momento que escreveu esse poema; em tal lugar conheceu esse amigo. E moldando a colossal massa de papéis de Shelley com ágeis dedos, consegue incluir com supremo tato fatos e datas em sentimentos, em comentários, no que Shelley escreveu, no que Mary escreveu, no que escreveram outros sobre ambos, de modo que parecemos enfrentar a corrente íntegra da vida de Shelley, tendo a ilusão de que, desta vez, estamos vendo Shelley, não através das lentes róseas ou lívidas que o sentimentalismo ou o puritanismo colocaram sobre os narizes de nossos predecessores, mas simplesmente como ele era. Nisso nos enganamos, é claro. Também possuímos lentes, ainda que não as enxerguemos. Mas a ilusão de contemplar o simples Shelley é suficientemente alentadora para nos tentar a ajustá-lo, enquanto perdura.

Na galeria de retratos de todos nós existe uma imagem do aspecto físico de Shelley. Era um rapaz esguio, de ossos largos, muito sardento, com grandes olhos azuis um pouco salientes. Seu traje era desleixado, claro, mas distinto; "usava sua roupa como um cavalheiro". Era cortês e amável em suas maneiras, mas falava com uma voz áspera e sibilante que logo ascendia às alturas do entusiasmo. Ninguém poderia ignorar a presença daquele personagem discordante na sala, e sua presença era estranhamente perturbadora. Não só por ser capaz de fazer algo extremo, mas porque, de certo modo, podia fazer algo que para qualquer um dos presentes pareceria absurdo. Desde o início, as pessoas normais repararam em sua anormalidade e fizeram o possível, seguindo algum obscuro instinto de autopreservação, para fazer Shelley entrar na linha ou então abandonar a sociedade dos respeitáveis. Em Eton, eles o chamavam de "o louco Shelley" e lhe jogavam bolas de lama. Em Oxford, ele derramou ácido no tapete de seu tutor, "uma aquisição recente, que ele destruiu por completo", e foi expulso por outras diferenças de opinião mais graves.

Depois daquilo, ele se transformou em campeão na defesa de toda a causa e pessoa oprimida. Ora era um aterro, ora um editor, ora a Irlanda, ora três pobres tecelões condenados por traição, ora um rebanho de ovelhas desgarradas. Solteironas de toda sorte que eram oprimidas ou tinham aspirações encontraram nele o seu líder. Passou os primeiros anos de sua juventude lançando panfletos sediciosos nos capuzes das mulheres idosas, matando ovelhas sarnentas para libertá-las de sua desgraça, arrecadando dinheiro, redigindo panfletos, remando no mar e lançando garrafas na água que, quando iam parar nas mãos do secretário-geral de Barnstable, revelavam um escrito sedicioso, "cujos conteúdos o prefeito no entanto não podia decifrar". Em todas essas errâncias e peregrinações ele era acompanhado por uma mulher, ou talvez por duas mulheres, que estavam amamentando ou bem perto de dar à luz. E se diz que uma delas não pôde deixar de achar graça quando viu um panfleto jogado no capuz de uma velha, e desatou a rir.

O quadro é muito familiar; a única coisa que muda é a nossa atitude em relação a ele. Shelley, irritável, irresponsável, ateu, lançando seus panfletos ao mar convencido de que reformaria o mundo, tornou-se uma figura meio heroica e totalmente deleitosa. De sua parte, o mundo que Shelley combateu tornou-se ridículo. Em certo sentido, o desleixado rapaz de voz estridente, com sua violência e sua estranheza, conseguiu fazer com que Eton, Oxford, o governo inglês, o secretário-geral e o prefeito de Barnstable, os cavalheiros das granjas de Sussex e inúmeros indivíduos desconhecidos a quem poderíamos denominar genericamente, depois dos amigos críticos de Mary, os Booths e os Baxters — Shelley teve sucesso ao fazer tudo isso parecer absurdo.

Mas, infelizmente, embora consigamos fazer com que entidades e instituições pareçam absurdos, é extremamente difícil fazer com que homens e mulheres, enquanto indivíduos, pareçam algo tão simples. As relações humanas são complexas demais; a natureza humana, muito sutil. Assim o contato com Shelley transformou Harriet Westbrook, que deveria ter sido a feliz mãe de uma família comum, numa mulher aturdida e perplexa que queria reformar o mundo e ainda possuir uma carruagem e toucas, e que foi por fim retirada do lago Serpentine, certa manhã de inverno, afogada em seu próprio desespero. E Mary e a senhorita Hitchener, e Godwin e Claire, e Hogg e Emilia Viviani, e Sophia Stacey e Jane Williams — não há nada de trágico neles, talvez; há de fato muitas coisas ridículas. No entanto, sua associação com Shelley não nos conduz a nenhuma conclusão clara e triunfante. Ele estava certo? Eles estavam certos? Toda a relação é conturbada e obscura; e isso é confuso; provocativo.

O que nos faz lembrar da vida privada de outro homem cujo poder de convicção era até maior do que o de Shelley, e mais destrutivo para a felicidade humana normal. Nos faz lembrar de Tolstói e sua esposa. A aliança entre a intensa fé do gênio com a despreocupada falta de fé ou de compromisso da humanidade comum deve, ao que parece, conduzir ao desastre e a um desastre prolongado e mesquinho em que se revela a pior face de ambas as naturezas. Mas enquanto Tolstói pode ter forjado sua filosofia na solidão ou num mosteiro, havia algo de condescendente e entusiasta no temperamento de Shelley que o levava a se ligar com homens e com mulheres. "Acho que a pessoa está sempre apaixonado por uma coisa ou por outra", escreveu ele, mas esse "uma coisa ou por outra", além de se hospedar na poesia, na metafísica e no bem da sociedade em geral, tinha sua morada no corpo de seres humanos do sexo oposto.

Ele via "a semelhança do que talvez seja eterno" nos olhos de Mary. Depois isso desapareceu, para aparecer nos olhos de Emilia; então voltou a se manifestar indiscutivelmente em Sophia Stacey ou em Jane Williams. O que o amante pode fazer quando o fogo fátuo muda de destinatária? Deve seguir em frente, disse Shelley, até que algo o detenha. E o que o poderia deter? Tratando-se de Shelley, não as convenções nem as superstições que submetem a parte mais inferior da humanidade; não os Booths nem os Baxters. Oxford podia expulsá-lo, a Inglaterra podia desterrá-lo, mas ainda, apesar do desastre e do escárnio, ele procurava "a semelhança do que talvez seja o eterno", e seguia se apaixonando.

Mas como o objeto de seu amor era uma criatura híbrida, metade humana, metade divina, o estilo de seu amor compartilhava essa mesma natureza ambígua. Havia algo de inumano em Shelley. Godwin, respondendo à primeira carta de Shelley, o notou. Ele se lamentava do "caráter generalizador" do estilo de Shelley, que, disse ele, tinha o efeito de "não o mostrar como um caráter individual". Mary Shelley, refletindo sobre sua própria vida quando Shelley estava morto, exclamou, "Como tem sido estranha a minha vida. Amor, juventude, medo e destemor me distanciaram cedo da rotina regular da vida e me uni a este ser, que não era um de *nós*; embora, como nós, padecesse de inúmeras misérias e desgraças, das quais compartilhei todas". Shelley "não era um de nós". Era, até para sua esposa, um "ser"; alguém que ia e vinha como um fantasma, em busca do eterno. Tinha pouca noção da transitoriedade. As alegrias e as tristezas, cujos fios tecem o cálido casulo da vida privada onde vive a maioria dos homens, não o afetaram. Uma estranha formalidade endureceu suas cartas; nelas não há intimidade nem diversão.

Ao mesmo tempo, é perfeitamente certo, e o professor Peck fez bem de o enfatizar, que Shelley amava a humanidade, embora não amasse essa Harriet ou aquela Mary. A sensação da miséria dos seres humanos ardia nele com tamanho brilho e persistência como a sensação da divina beleza da natureza. Amava as nuvens e as montanhas e os rios mais apaixonadamente do que nenhum outro homem jamais amou; mas ao pé da montanha sempre via uma cabana em ruínas; sempre existiam criminosos acorrentados arrancando as ervas daninhas do pavimento na praça de São Pedro; sempre uma velha estremecendo de febre na encantadora orla do Tâmisa. Então deixava de lado seu escrito, abandonava seus sonhos e procurava reconfortar os pobres com medicamentos ou com sopa. Inevitavelmente, reunia ao seu redor, com o correr do tempo, o mais estranho conjunto de dependentes e protegidos. Ele se encarregava das mulheres abandonadas e dos filhos de outros; pagava as dívidas de outras pessoas e planejava suas viagens e formalizava suas relações. O mais etéreo dos poetas era também o mais prático dos homens.

Assim, diz o professor Peck, dessa união entre poesia e humanidade surge o verdadeiro valor da poesia de Shelley. Era a poesia de um homem que não era um "poeta puro", mas um poeta com paixão em corrigir os erros dos homens. Se tivesse vivido por mais tempo, teria reconciliado sua poesia com sua afirmação da "necessidade de certas reformas imediatas na política, na sociedade e no governo". Morreu jovem demais, antes de poder entregar sua mensagem; e a dificuldade de sua poesia surge do fato de que o conflito entre poesia e política permanece irresoluto. Podemos não concordar com a definição do professor Peck, mas basta reler Shelley para encontramos a dificuldade de que ele fala. Ela jaz parcialmente no fato desconcertante de que estávamos convencidos de que sua poesia era muito boa e, em última instância, ela nos pareceu muito pobre. Como explicar que ele é lembrado como um grande poeta e que ao reler suas páginas descobrimos que é ruim? A explicação parece consistir em que Shelley não era um "poeta puro". Não concentrava sua sensibilidade num espaço reduzido; na poesia de Shelley não há nada tão rico nem tão compacto como as odes de Keats. Seu gosto podia ser sentimental; tinha todos os vícios dos criadores de álbuns; era fantasioso, forçado, verborrágico. Os versos que o professor Peck cita com admiração: "Boa noite? Não, amor! A noite está enferma", nos parecem uma prova disso. Mas se deixamos de lado sua lírica, com toda a exuberante beleza, e procuramos ler um dos poemas mais longos, *Episychidion* ou *Prometeu desacorrentado*, onde os erros têm espaço de sobra, mais uma vez nos convencemos de sua grandeza. E aqui de novo devemos enfrentar uma dificuldade. Porque se nos pedissem que extraíssemos o ensinamento desses poemas, estaríamos perdidos. Não poderíamos dizer por quais reformas "na política, na sociedade e no governo" advogam. Sua grandeza não parece consistir em algo tão definido como uma filosofia nem em algo tão puro quanto o aperfeiçoamento da expressão. Mas consiste num estado de ser. Atravessamos camadas de nuvens e rajadas de vento para sair num espaço de pura calma, de intensa serenidade sem vento. Convenientemente ou não, estabeleçamos uma distinção: *A cotovia*, *Ode ao vento Oeste* são poemas; *Prometeu* ou *Epipsychidion* são poesia.

Pois se consideramos nossa relação com Shelley a partir da vantajosa perspectiva de 1927, pensaremos que sua Inglaterra é um reino de barbárie onde encarceram os jornalistas por faltarem com respeito ao príncipe regente, pondo no pelourinho os homens por publicar ataques contra as Escrituras, executam os tecelões por suspeita de traição, sem dar eles mesmos demonstrações de estrita crença religiosa, expulsam um rapaz de Oxford por proclamar seu ateísmo. Politicamente, então, a Inglaterra de Shelley já ficou para trás; e sua luta, embora valorosa, parece apontar contra monstros um pouco antiquados e, portanto, ligeiramente ridículos. Mas no íntimo está muito mais perto de nós. Porque ao lado da batalha pública deflagra-se, de geração em geração, outra batalha tão importante quanto aquela, embora muito menos se fale sobre ela. O esposo luta com a esposa, e o filho, com o pai. O pobre luta contra o rico, e o empregador, contra o empregado. De um lado, existe um constante esforço por tornar todas essas relações mais razoáveis, menos dolorosas e menos servis; de outro, para mantê-las como estão. Shelley, como filho e como esposo, lutou pela razão e pela liberdade na vida privada; e seus experimentos, se bem que desastrosos em muitos aspectos, nos ajudaram a alcançar uma maior sinceridade e felicidade em nossos próprios conflitos. Os sir Timothys, de Sussex, já não estão tão dispostos a deixar seus filhos sem um xelim; os

Booths e os Baxters já não estão tão seguros de que uma esposa sem casar é um verdadeiro demônio. A garra da convenção sobre a vida privada já não é tão brutal nem tão insensível graças aos êxitos e fracassos de Shelley.

Então, vemos Shelley através de nosso próprio par de lentes — um rapaz espalhafatoso, encantador e multifacetado; um campeão que cavalgava contra as forças da superstição e da brutalidade com coragem heroica; ao mesmo tempo, um indivíduo cego, sem consideração e obtuso em relação aos sentimentos de outras pessoas. Capturado[2] em sua visão extraordinária, acendendo às alturas mesmas da existência, parece, como disse Mary, um "ser"; não "um de nós", mas um melhor e mais alto, mais distante e exilado. De súbito se ouvem batidas à porta; os Hunt e seus sete filhos estão em Leghorn; Lorde Byron é rude com eles; Hunt está de coração partido. Shelley deve ir agora para ver se estão confortáveis. E, despertando de seu arrebatamento, Shelley vai.

---

2. Cf. o poema "Albatroz", de Baudelaire. (N. T.)

CARTA A UM JOVEM POETA

Meu caro John:
 Você chegou a conhecer, ou talvez seja anterior à sua época, aquele velho cavalheiro — de quem me esqueci o nome — que costumava animar as conversas, sobretudo no café da manhã, quando chegava a correspondência, dizendo que a arte de escrever cartas estava morta? A correspondência barata, costumava dizer aquele velho cavalheiro, matou a arte de escrever cartas. Ninguém, prosseguia ele, examinando um envelope através dos óculos, tem sequer tempo para cortar os próprios *Tês*. Corremos, continuava ele, passando marmelada em sua torrada, ao telefone. Enviamos nossos pensamentos mal formados em frases agramaticais para um cartão-postal. Gray está morto, prosseguia ele; Horace Walpole está morto; Madame de Sévigné — ela também está morta; suponho que ele ia acrescentar mais alguém, mas um ataque de asma o interrompeu, e ele teve que abandonar a

sala sem poder condenar todas as artes, como tanto gostaria, ao cemitério. Mas quando a correspondência chegou esta manhã e eu abri a carta que você me mandou cheia de pequenas folhas azuis escritas de ponta a ponta com uma letra espremida, mas não ilegível — lamento dizer, no entanto, que faltavam traços em vários *Tês* e que a gramática de uma frase me parecia duvidosa —, respondi, depois de todos esses anos, àquele velho necrofilista — Bobagem. A arte de escrever cartas acaba de surgir. É filha da correspondência barata. E existe certa verdade nessa afirmação, creio eu. Naturalmente, quando enviar uma carta custava meia coroa, toda a remessa precisava provar que era um documento importante; era lida em voz alta, era atada com seda verde; e depois de certa quantidade de anos, era publicada para infinito deleite da posteridade. Mas a sua carta, ao contrário, terá que ser queimada. Só lhe custou três pences enviá-la. E, pois, você se deu ao luxo de ser extremamente íntimo e indiscreto. O que me diz sobre o pobre e querido C., e sua aventura de barco, mortalmente privada, atravessando o Canal da Mancha, e suas brincadeiras obscenas às custas de M. com certeza acabariam com a amizade caso se espalhassem; eu também duvido que a posteridade, a menos que seja muito mais engenhosa do que espero, possa seguir sua linha de pensamento desde a goteira do teto (*"clap, clap, clap*, na saboneteira"), passando pela senhora Gape, a arrumadeira, cuja resposta ao verdureiro me causou o mais intenso prazer, por meio da senhorita Curtis e sua estranha confiança nos degraus do ônibus; aos gatos siameses ("Minha tia diz que é para enrolar o focinho deles numa meia velha se miarem demais"); e assim, ao valor da crítica para um escritor; e assim a Donne; e assim a Gerald Hopkins; e assim às lápides; e assim aos peixes-dourados; e assim com um súbito e alarmante arrebatamento ao "Escreva-me e me diga para onde está indo a poesia ou se já está morta". Não, sua carta, porque é uma verdadeira carta — uma que não poderá ser lida em voz alta agora nem publicada no futuro —, terá que ser queimada. A posteridade terá que se contentar com Walpole e Madame de Sévigné. A grande era da escrita de cartas, que é, claro, a presente, não deixará nenhuma para trás. E ao conceber minha resposta há uma única pergunta que posso responder ou tentar responder em público: a pergunta sobre a poesia e sua morte.

Mas antes de começar devo reconhecer certos defeitos, tanto naturais quanto adquiridos, que, como você mesmo vai notar, distorcem e invalidam tudo o que tenho a dizer sobre poesia. A falta de uma formação universitária sólida sempre fez com que me fosse impossível distinguir entre um iâmbico e um datílico, e se isso não bastasse para me condenar para sempre, devo confessar que a prática da prosa fez crescer em mim, como na maioria dos prosadores, um ciúme tolo, uma indignação justa — de qualquer forma, uma emoção de que o crítico deve carecer. Pois como, nós desprezados prosadores, perguntamos quando nos reunimos, como é possível dizer o que se quis dizer e ao mesmo tempo observar as regras da poesia? Imagine utilizar a palavra "espada" só porque antes se disse "empregada"; como emparelhar "pesar" com "emprestar"? A rima não só é infantil como desonesta, dizemos nós, os prosadores. E depois seguimos dizendo, E olhem as regras deles! Como é fácil ser poeta! Como é estreito o caminho para eles, e como é estrito! Isto pode ser feito, e aquilo não. Eu preferia ser uma criança e andar sobre um crocodilo numa rua do subúrbio a escrever poesia, ouvi prosadores dizerem. Deve ser como tomar o véu e entrar numa ordem religiosa — observar os ritos e os rigores da métrica. Isso explica por que os poetas repetem o mesmo indefinidamente. De modo que nós, os prosadores (eu estou apenas lhe contando que tipo de coisa absurda os prosadores falam quando estão sozinhos), somos os mestres da linguagem, não escravos dela; ninguém pode nos ensinar; ninguém pode nos obrigar; dizemos o que queremos dizer; toda a vida é nossa província. Somos os criadores; somos os exploradores... E assim continuamos — bastante absurdamente, devo o admitir.

Uma vez assumidas essas deficiências, podemos prosseguir. A partir de certas frases em sua carta, deduzo que você pensa que a poesia corre perigo, e que sua circunstância como poeta neste outono de 1931 particularmente é muito mais difícil do que foram as de Shakespeare, Dryden, Pope ou Tennyson. De fato, é a situação mais difícil de que se tem notícia. Aqui você me concede uma abertura, que estou pronta a aproveitar, para uma breve explanação. Nunca se considere singular, nunca pense que sua situação é muito mais dura do que a dos outros. Admito que a época em que vivemos o torna difícil. Pela primeira vez na história há leitores — um número grande de pessoas, que se dedicam aos negócios, ao esporte, ao cuidado com os avós, a amarrar pacotes atrás de um balcão —, todos ele agora leem; e querem que lhe digam como ler e o que ler; e seus professores — os resenhistas, os conferencistas, os locutores — devem com toda a humanidade lhes facilitar a leitura; devem lhes garantir que a literatura é violenta e excitante, repleta de heróis e vilões, de forças hostis em conflito permanente, de campo semeados de ossos, de vencedores solitários montados em cavalos brancos e envoltos em capas negras para encontrar a morte numa encruzilhada. Reverbera um disparo de revólver: "A era do romance terminou. A era do realismo começou" — você já sabe desse tipo de coisa. Mas é claro que os próprios escritores sabem muito bem que não existe uma única palavra de verdade nisso tudo — não existem batalhas, nem assassinatos, nem derrotas, nem vitórias. Mas, como é da maior importância que os leitores se divirtam, os escritores cedem. Eles se disfarçam. Eles desempenham seus papéis. Um conduz, o outro segue. Um é romântico, o outro, realista. Um é avançado, o outro, desatualizado. Não há mal nenhum nisso, contanto que você leve como brincadeira, mas uma vez que você acredite nisso, quando você começa a se levar a sério como líder ou como seguidor, como moderno ou como conservador, se converterá num animalzinho autoconsciente, mordaz e arisco, cuja obra não tem o menor valor ou importância para ninguém. Ao contrário, pense em si mesmo como em algo muito mais humilde e menos espetacular, mas, a meu ver, muito mais interessante — um poeta no qual vivem todos os poetas de outrora, do qual surgirão todos os poetas do futuro. Você tem um toque de Chaucer, e também algo de Shakespeare; Dryden, Pope e Tennyson — para mencionar só os respeitáveis entre seus ancestrais — mexem seu sangue e de vez em quando movem sua pena um pouco para a direita ou para a esquerda. Em suma, você é um personagem imensamente antigo, complexo e contínuo, razão pela qual lhe rogo que se respeite e pense duas vezes antes de se vestir como Guy Fawkes e saltar sobre as velhas tímidas nas esquinas, ameaçando-as de morte ou exigindo delas moedas de meio pence.

No entanto, como diz estar bloqueado ("escrever poesia nunca foi tão difícil quanto hoje e como a poesia poderia estar, você acha, dando seus últimos suspiros na Inglaterra, os romancistas estão fazendo coisas interessantes agora"), permita-me, para passar o tempo até que o carteiro vá embora, imaginar seu estado e arriscar um ou dois palpites que, por se tratar de uma carta, não devem ser levados muito a sério, nem seguidos ao pé da letra. Mas permita-me que me coloque em seu lugar; deixe-me imaginar, com a ajuda de sua carta, como é ser um jovem poeta no outono de 1931. (E seguindo meu próprio conselho, não o tratarei como um poeta particular, mas como vários poetas em um). No fundo de sua mente, então — não é isso o que o faz ser um poeta? —, o ritmo mantém sua cadência perpétua. Às vezes ele parece ter se reduzido a nada; ele permite que você coma, ele permite que você durma, fale como falam os outros. Então mais outra vez ele se inflama e ascende, e tenta varrer todos os conteúdos de sua mente numa dança dominante. Esta noite é uma dessas ocasiões. Ainda que você esteja só, e tenha descalçado uma bota e esteja a ponto de tirar a outra, não pode continuar o processo de se despir, mas deve imediatamente escrever ao ritmo da dança. Você apanha a pena e o papel; mal se preocupa em apoiar o papel ou endireitar a pena. E enquanto escreve, enquanto está fixando as primeiras estrofes da dança, eu vou me retirar um pouco e olhar pela janela. Uma mulher passa, logo um homem; um automóvel roda até frear devagar, e então — mas não existe necessidade de dizer o que vejo pela janela, nem mesmo há tempo, porque um grito de fúria ou desespero me chama repentinamente do que estou olhando. Sua página está agora amassada uma bola; sua pena está espetada na vertical na ponta do tapete. Se houvesse um gato para sacudir ou uma esposa para matar, este seria o momento indicado. É o que deduzo, ao menos pela ferocidade de sua expressão. Está irritado, abalado, completamente fora de si. E se devo adivinhar a razão, diria que é porque o ritmo que abria e fechava com uma potência que lhe causava espasmo de exaltação da cabeça aos pés esbarrou contra um objeto duro e hostil e se fez em pedaços. Algo impossível de transformar em poesia faz sua aparição; um corpo estranho, anguloso, de arestas, áspero, se negou a entrar na dança. Obviamente, as suspeitas recaem sobre a senhora Gape; ela lhe pediu que escrevesse um poema sobre ela; logo, sobre a senhorita

Curtis e suas confidências no ônibus; logo, sobre C., que o contagiou com o desejo de contar a história dele — e era uma muito divertida — em verso. Mas, por alguma razão, você não pode fazer o que mandaram. Chaucer poderia; Shakespeare poderia; Crabbe, Byron e talvez Robert Browning. Mas estamos em outubro de 1931 e faz tempo que a poesia perdeu contato com — como a chamaremos? — poderemos chamá-la breve e inexatamente de vida? Você me ajudaria, compreendendo o que quero dizer? Pois bem, tudo isso foi deixado nas mãos do romancista. Aqui se vê a facilidade que seria para mim escrever dois ou três volumes em honra da prosa e na sátira do verso; para dizer o quão amplo é o domínio de um, quão minguado e atrofiado é o pequeno bosque do outro. Mas seria mais simples e talvez mais justo verificar essas teorias, abrindo ao acaso um dos finos livros de poesia moderna que jazem sobre a mesa. Eu o abro, e me encontro no mesmo instante confusa. Aí estão os objetos comuns da prosa cotidiana — a bicicleta e o ônibus. Obviamente, o poeta está fazendo sua musa encarar os fatos. Ouça:

> *Which of you waking early and watching daybreak*
> *Will not hasten in heart, handsome, aware of wonder*
> *At light unleashed, advancing; a leader of movement,*
> *Breaking like surf on turf on road and roof,*
> *Or chasing shadow on downs like whippet racing,*
> *Th stilled stone, halting at eyelash barrier,*
> *Enforcing in face a profile, marks of misuse,*

Beating impatient and importunate on boudoir shutters
Where the old life is not up yet, with rays
Exploring through rotting floor a dismantled mill —
The old life never to be born again?

Qual de vocês, acordando cedo, vendo o alvorecer,
Não dispara o peito, ciente da maravilha
Na desatada luz que avança; um líder de movimento,
Quebrando em surfe a turfa, atalho ao telhado
Ou perseguindo sombras como ágeis lebréus
    ladeira abaixo,
O silente seixo, ao limiar dos cílios,
Reforçando um perfil à face, marcas de desmesuras,
Batendo impaciente e importuno em venezianas
Onde a velha vida não finda, com raios
Explorando pelo assoalho apodrecido um moinho
    desmantelado —
A velha vida jamais será renascida?

Sim, mas como se engendraria a continuação? Prossigo lendo e descubro como:

Whistling as he shuts
His door behind him, travelling to work by tube
Or walking down to the park to it to ease the bowels,

Assobiando enquanto ele fecha
A porta atrás de si, indo para o trabalho de metrô
Ou vagando até o parque *para soltar os intestinos*,

E prossigo lendo e volto a descobrir como:

As a boy lately come up from country to town
Returns for the day to his village in expensive shoes —

Como um garoto vindo mais tarde do campo à cidade,
Ele retorna por um dia ao seu vilarejo com *sapatos caros* —

E outra vez:

Seeking a heaven on earth he chases his shadow,
Lose his capital and his nerve in pursuing
What yachtsmen, explores, climbers and buggers are after.

Procurando um paraíso na terra, ele persegue sua sombra,
perde seu capital e arruína seus nervos à busca
do que velejadores, exploradores, alpinistas e
pederastas estão atrás.[1]

Esses versos e as palavras que destaquei bastariam para confirmar, ao menos em parte, o meu palpite. O poeta está tentando incluir a senhora Gape. Ele é da sincera opinião de que ela pode figurar como parte do poema e que ficará

---

1. *"Poem II"*, de W. H. Auden, renegado posteriormente pelo poeta. (N. T.)

muito bem ali. A poesia, ele sente, melhorará com o real, o coloquial. Mas embora eu o honre por sua pretensão, duvido que seja plenamente efetiva. Percebo uma sacudida. Sinto um choque. Sinto como se tivessem batido o dedo do pé no canto do guarda-roupa. Então, pergunto-me, sou eu chocada, pudica e convencionalmente, pelas próprias palavras? Creio que não. O choque é literalmente um choque. O poeta, creio eu, esforçou-se para incluir uma emoção não domesticada nem aclimatada à poesia; o esforço o desequilibrou; ele o endireita, como tenho certeza que descobrirei se virar a página, recorrendo violentamente ao poético — ele invoca a lua ou o rouxinol. De qualquer modo, a transição é aguda. O poema está partido ao meio. Observe, se desfaz em minhas mãos: aqui está a realidade de um lado, aqui está a beleza de outro; e, em vez de obter um objeto completo, redondo e inteiro, me restam duas metades partidas em minhas mãos, que, uma vez que minha razão foi desperta e minha imaginação não pode tomar plena posse total de mim, contemplo com frieza, com o espirito crítico e com desgosto.

Esta é, pelo menos, uma rápida análise de minhas próprias sensações como leitora; mas outra vez sou interrompida. Vejo que superou sua dificuldade, qualquer que fosse; a pena está outra vez em ação e, tendo rasgado o primeiro poema, você está trabalhando em outro. Pois bem, se eu quiser entender seu estado de espírito, devo inventar outra explicação para dar conta desse retorno da fluidez. Você descartou, como suponho, todo tipo de coisas que naturalmente chegariam à sua pena se estivesse escrevendo em prosa — a arrumadeira, o ônibus, o incidente do barco que cruza o Canal. Seu alcance é restrito — a julgar por sua expressão —, concentrado e intensificado. Eu arrisco um palpite de que agora está pensando, não sobre coisas em geral, mas sobre você mesmo em particular. Existe uma passividade, certa escuridão, embora um brilho interior pareça sugerir que você está olhando para dentro e não para fora. Mas, para consolidar esses frágeis pressupostos sobre o significado da expressão de um rosto, deixe-me abrir outro dos livros que tenho sobre a mesa e verificar pelo que encontro lá. Outra vez, abro um livro ao acaso e leio:

> *To penetrate that room is my desire,*
> *The extreme attic of the mind, that lies*
> *Just beyond the last bend in the corridor.*
> *Writing I do it. Phrases, poems are keys.*
> *Loving's another way (but not so sure).*
> *A fire's in there, I think, there's truth at last*
> *Deep in a lumber chest. Sometimes I'm near,*
> *But draughts puff out the matches, and I'm lost.*
> *Sometimes I'm lucky, find a key to turn,*
> *Open an inch or two—but always then*
> *A bell rings, someone calls, or cries of "fire"*
> *Arrest my hand when nothing's known or seen,*
> *And running down the stairs again I mourn.*

Penetrar nesse quarto é meu desejo,
O extremo ático da mente, além do

último desdobrar do corredor.
Faço-o escrevendo. Frases, versos são chaves.
Amar é uma outra história (não tão certa).
Aqui, há um incêndio, creio, ao menos
no fundo de um baú com tralha velha.
Às vezes, chego perto, mas me perco
Logo; noutras, com sorte, giro a chave.
Só abro uma fresta — mas sempre parece
soar o alarme, um chama, ou grita "fogo".
E sem nada saber, tendo a mão presa,
escada abaixo, uma outra vez, deploro.[2]

E logo isto:

There is a dark room,
The locked and shuttered womb,
Where negative's made positive.
Another dark room,
The blind and bolted tomb,
Where positives change to negative.
We may not undo that or escape this, who
Have birth and death coiled in our bones,
Nothing we can do
Will sweeten the real rue,
That we begin, and end, with groans.

---

2. Cf. *"To Penetrate that Room"*, de John Lehmann, remetente da carta. (N. T.)

Há um quarto escuro,
O útero cerrado e ocluso,
Onde o negativo se torna positivo.
E um outro quarto obscuro,
Cegado e selado túmulo,
Onde o positivo muda em negativo.
Incapazes de desfazer ou evadir, tendo
De nascer e morrer enrolados em nossos ossos,
Nada podemos fazer
Para acalmar o real remorso
De iniciar e findar com gemidos.[3]

E em seguida:

Never being, but always at the edge of Being
My head, like Death mask, is brought into the Sun.
The shadow pointing finger across cheek,
I move lips for tasting, I move hands for touching,
But never am nearer than touching,
Though the spirit leans outward for seeing.
Observing rose, gold, eyes, an admired landscape,
My senses record the act of wishing
Wishing to be
Rose, gold, landscape or another—
Claiming fulfilment in the act of loving.

---

3. Cf. *"Poem XI"*, de Cecil Day Lewis. (N. T.)

Jamais sendo, mas sempre ao limiar do Ser
Minha fronte, como a máscara da Morte é trazida
   ao Sol.
O índice da sombra indica a bochecha,
Eu movo os lábios para saborear, as mãos
   para tocar,
Mas eu próprio nunca vou além do tocar,
Embora o espírito se precipite para ver.
Observando a rosa, o ouro, os olhos, uma
   admirada paisagem,
Meus sentidos registram o ato de querer
Querendo ser
Rosa, ouro, paisagem ou um outro —
Clamando plenitude no ato de amar.[4]

Como essas citações foram escolhidas ao acaso e encontrei três poetas diferentes que não escrevem nada que não seja sobre o próprio poeta, acredito que existem grandes probabilidades de que você também esteja empenhado na mesma tarefa. Concluo que a personalidade não é um impedimento; a personalidade participa da dança; ela se presta ao ritmo; aparentemente é mais fácil escrever um poema sobre si mesmo do que sobre qualquer outro assunto. Mas o que queremos dizer com "si mesmo"? Não nos referimos ao eu que foi descrito por Wordsworth, Keats e Shelley — não nos referimos

---

4. Cf. *"At the Edge of Being"*, de Stephen Spender. (N. T.)

ao eu que ama uma mulher, ou que odeia um tirano, ou que medita sobre os mistérios do mundo. Não, o eu que você se dispõe a descrever está alheio disso tudo. É um eu que se senta a sós em sua residência toda a noite, com as cortinas fechadas. Em outras palavras, o poeta está muito menos interessado no que todos temos em comum do que no que ele tem de singular. Daí, suponho, a extrema dificuldade destes poemas — e devo confessar que me deixaria completamente chocada dizer, a partir de uma primeira leitura ou até de duas ou três leituras consecutivas, o que esses poemas significam. O poeta está tentando com toda a honestidade e precisão descrever um mundo que talvez não exista, exceto para uma pessoa em particular num determinado momento. E quanto mais sincero é em manter a forma precisa de rosas e repolhos de seu universo privado, mais ele nos intriga, nós que concordamos talvez num espírito indolente em nos comprometer, em ver as rosas e os repolhos como são vistos, mais ou menos, pelos vinte e seis passageiros de um ônibus. Ele se esforça em descrever; nós nos esforçamos em ver; ele faz oscilar seu archote; nós capturamos um resplendor fugidio. É emocionante; é exultante; mas essa é uma árvore, perguntamos, ou é uma velha amarrando os sapatos na sarjeta?

Pois bem, se há algo de verdade no que digo — se é que você não pode escrever sobre o real, o coloquial, a senhora Gape ou o barco no Canal ou a senhorita Curtis no ônibus, sem forçar a máquina da poesia, e se, por isso, você é levado a contemplar paisagens e emoções interiores e deve tornar visível para o mundo em geral o que só você pode ver, então, de fato, a sua é uma situação difícil, e a poesia, embora ainda respirando — estes livrinhos —, o faz com suspiros breves e agudos. Ainda assim, considere os sintomas. Eles não são no mínimo sintomas de morte. A morte na literatura, e não preciso nem lhe dizer com que frequência a literatura já morreu neste ou naquele país, chega com graça, suavidade e calma. As linhas deslizam com facilidade pelas vias habituais. Os velhos desenhos são copiados com tamanha facilidade, que tendemos a acreditar que sejam originais, exceto por tamanha loquacidade. Mas aí acontece exatamente o contrário: aí, em minha primeira citação, o poeta quebra a sua máquina porque a emperra com fatuidade. Na segunda citação, ele é ininteligível por sua desesperada determinação de dizer a verdade sobre si mesmo. Logo, não posso deixar de pensar que, embora você possa estar certo quando fala da dificuldade da época, está errado ao se desesperar.

Não há, ai de mim, um bom motivo para ter esperança? Digo "ai de mim" porque devo apresentar as minhas razões, que estão destinadas a parecer tolas e que com certeza também causarão dor para a numerosa e muito respeitável sociedade dos necrófilos — o senhor Peabody e outros afins —, que prefere a morte à vida e que agora mesmo está entoando as sagradas e cômodas palavras: Keats está morto, Shelley está morto, Byron está morto. Mas já é tarde: a necrofilia induz à letargia; os velhos senhores adormeceram sobre seus clássicos; e se o que estou a ponto de dizer adquire um tom otimista — e de minha parte não acredito na morte de poetas; Keats, Shelley e Byron estão vivos nesta sala, em você, em você e em você —, posso me consolar pensando que minha esperança não perturbará seus roncos. Então para continuar — por que a poesia não seria, agora que honestamente está liberada de certas falsidades, os destroços da grande era vitoriana, agora que tão sinceramente baixou à mente do poeta e se verificou suas formas —, uma tarefa de renovação que deve ser feita de tempos em tempos e que por certo era muito necessária, porque a má poesia é quase sempre o resultado de esquecimento de si mesmo — tudo se torna distorcido e impuro se perdemos de vista essa realidade central —, agora, digo eu, já que a poesia fez tudo isso, por que não abriria mais uma vez os olhos, olharia pela janela e escreveria sobre os outros? Há duzentos ou trezentos, anos você escrevia sempre sobre os outros. Suas páginas estavam abarrotadas de personagem dos tipos mais diversos e opostos: Hamlet, Cleópatra, Falstaff. Não só recorríamos a você para o drama e as sutilezas do caráter humano, mas também o procurávamos, por incrível que pareça, para que nos fizesse rir. Você nos fazia chorar de rir. E depois, há menos de cem anos, você fustigava as nossas loucuras, derrotando as nossas hipocrisias e lançando a mais brilhante das sátiras. Você foi Byron, não se esqueça; você escreveu o Don Juan. Também foi Crabbe, e seu tema foram os detalhes mais sórdidos da vida dos camponeses. Por isso é claro que você é capaz de lidar com uma ampla gama de temas; é só uma necessidade passageira que trancou você em seu quarto a sós com você mesmo.

Mas como fará para sair para o mundo dos outros? Esse é seu problema agora; se me permite arriscar um palpite — encontrar a relação correta, agora que por fim você conhece a si mesmo, entre esse eu que conhece e o mundo externo. É um problema difícil. Nenhum poeta vivo, creio eu, conseguiu resolvê-lo de todo. E há mil vozes profetizando o desespero. A ciência, dizem elas, tornou a poesia impossível; não há poesia nos automóveis nem no rádio. E não temos religião. Tudo é tumulto e transitoriedade. Por isso, dizem as pessoas, não pode existir relação entre o poeta e o tempo presente. Mas com certeza é um absurdo. Esses acidentes são superficiais; não vão tão longe o suficiente para destruir o mais profundo e primitivo dos instintos, o instinto do ritmo. A única coisa que você necessita agora é ficar à janela e deixar que seu sentido do ritmo se abra e se feche, se abra e se feche, com ousadia e liberdade, até que uma coisa se funda na outra, até que os táxis dancem com os narcisos, até que se forme um todo de todos esses fragmentos separados. Estou falando bobagem, eu sei. O que quero dizer é, reúna toda a sua coragem, exerça toda a sua vigilância, invoque todos os dons que a Natureza concebeu. E depois, permita que seu sentido rítmico se abra e se feche entre homens e mulheres, ônibus, pardais — qualquer coisa que apareça na rua —, até que consiga reuni-los numa harmoniosa totalidade. Talvez seja essa a sua tarefa — encontrar a relação entre coisas que parecem incompatíveis, embora tenham uma misteriosa afinidade, absorver sem medo cada experiência que se apresente em seu caminho e as saturar por completo, de modo que seu poema chegue a ser um todo, não um fragmento; repensar a vida humana em forma de poesia e nos oferecer mais uma vez a tragédia e a comédia através de personagens, não desenvolvidos com longo fôlego ao modo do romancista, mas condensados e sintetizados ao modo do poeta — é o que esperamos que você faça. Mas como não sei o que quero dizer com ritmo nem com vida, e como com toda a certeza não posso lhe dizer quais objetos podem se combinar adequadamente num poema — isto é, claro, assunto seu —, e como não posso distinguir um datílico de um iâmbico e que, por isso, sou incapaz de dizer como deve modificar ou expandir os ritos e as cerimônias de sua antiga e misteriosa arte — vou para um terreno mais seguro e retornarei mais uma vez a esses livrinhos.

Quando então volto a eles, estou, como já admiti, cheia, não de presságios de morte, senão de esperanças no futuro. Mas alguém nem sempre quer pensar no futuro quando, como às vezes acontece, se vive no presente. Quando leio esses poemas, agora, no momento presente, me descubro — você sabe que ler é abrir a porta para uma horda de rebeldes que atacam uma pessoa em vinte lugares ao mesmo tempo — atingida, desesperada, arranhada, despojada, sacudida no ar, de modo que a vida pareça passar; e então, mais uma vez cegada, golpeada na cabeça — todas as sensações agradáveis para o leitor (já que não existe nada mais decepcionante do que abrir a porta e não obter resposta), e tudo o que acredito é a prova fidedigna de que o poeta está vivo e esperneando. E, no entanto, misturado com esses gritos de deleite, de júbilo, também registro, enquanto leio, a repetição embaixo de uma palavra entoada continuamente por algum descontente. E por fim, calando os outros, digo ao descontente: "Bem, o que é que *você* quer?" E então ele explode, para a minha perturbação: "Beleza." Deixe-me repetir, não assumo responsabilidade pelo que meus sentidos dizem quando leio; simplesmente registro o fato de que existe um descontente em mim que reclama sem cessar que lhe parece estranho, considerando que o inglês é um idioma misto, um idioma rico, um idioma incomparável por seu som e sua cor, por seu poder de imagem e sugestão — parece-lhe estranho que esses poetas modernos escrevam como se não tivessem olhos, nem ouvidos, nem plantas nos pés nem palmas nas mãos, mas só cérebros honestos e empreendedores alimentados a base de livros, corpos unissexuais e — mas aqui eu o interrompi. Porque quando se pretende dizer que o poeta deveria ser bissexual, e creio que isso é o que estava prestes a dizer, mesmo eu, que não tenho formação científica, estabeleço um limite e digo a essa voz que se cale.

Mas até onde, se desconsideramos os absurdos óbvios, você acredita que existe algo de verdadeiro nessa reclamação? De minha parte, agora que parei de ler e posso ver os poemas mais ou menos como um todo, acho que é verdadeiro que o olho e o ouvido estão famintos de seus direitos. Não há nenhuma sensação de riqueza mantida atrás da admirável exatidão dos versos que citei, como existe, por exemplo, atrás da exatidão do senhor Yeats. O poeta se apega à sua única palavra, sua única palavra, como um náufrago apegado a um mastro. E se for assim, estou mais do que disposta a arriscar uma razão para isso porque acho que confirma o que tenho dito até então. A arte de escrever, e talvez seja a isso que meu descontente se refere com a palavra "beleza", a arte de ter à nossa disposição e invocar cada uma das palavras da língua, de conhecer seu peso, suas cores, seus sons, suas associações e, dessa forma, fazê-las sugerir, como é tão necessário em inglês, mais do que podem afirmar, podendo ser aprendidas, é claro, até certo ponto, lendo — é impossível ler demais, mas se pode aprender muito mais drástica e eficazmente imaginando que não somos nós mesmos, mas uma pessoa diferente. Como você aprenderia a escrever se só escrevesse sobre uma única pessoa? Consideremos o exemplo óbvio. Você é capaz de duvidar que Shakespeare conhecia todos os sons e as sílabas de nosso idioma e podia fazer exatamente o que quisesse com a gramática e a sintaxe, porque Hamlet, Falstaff e Cleópatra o levaram para esse conhecimento; que os lordes, os oficiais, os bobos, os assassinos e os soldados rasos de suas peças insistiram que ele deveria dizer exatamente o que sentiam com as palavras que expressavam seus sentimentos? Foram eles que o ensinaram a escrever, não o criador do Sonetos. Então, se você quiser satisfazer todos os sentidos que surgem de um turbilhão cada vez que lançamos um poema entre eles — a razão, a imaginação, os olhos, os ouvidos, a palma das mãos e a planta dos pés, para não mencionar um milhão mais que os psicólogos devem ainda identificar, você fará bem em embarcar num poema longo em que outras pessoas, tão diferentes de você quanto possível, falem com toda a força. E, pelo amor de Deus, não publique nada antes dos trinta anos.

Isso, estou certa, é de suma importância. A maioria dos defeitos dos poemas que li ultimamente pode ser explicada, creio eu, pelo fato de que foram expostos à luz feroz da publicidade quando ainda eram jovens demais para resistir à pressão. Isso os reduziu a uma austeridade esquelética, tanto emocional como verbal, que não deveria ser característica da juventude. O poeta escreve muito bem; escreve para os olhos de um público sério e inteligente; mas quão melhor escreveria se durante dez anos não houvesse escrito para outros olhos que não fossem os seus! Afinal, os anos que vão dos vinte aos trinta são (deixe-me retornar à sua carta mais uma vez) de exaltação emocional. A chuva caindo, uma batida de asa, alguém que passa — os sons e as imagens mais comuns têm o poder de nos arremessar, como pareço me lembrar, das alturas do êxtase às profundezas do desespero. E se a vida de fato é assim extrema, a vida visionária deve ser livre para seguir. Então, agora que você é ainda jovem, escreva o absurdo à exaustão. Seja bobo, sentimental, imite Shelley, imite Samuel Smiles; dê rédea solta a cada impulso; cometa todos os erros de estilo, gramática, gosto e sintaxe; derrame; tropece; libere ódio, amor, sátira, com as palavras que possa captar, coagir ou criar, em qualquer métrica, prosa, poesia ou jargão que tenha em mãos. Assim você aprenderá a escrever. Mas se publicar, sua liberdade estará verificada; você não poderá deixar de pensar no que as pessoas dirão; escreverá para outros quando em realidade só deve escrever para si mesmo. E que sentido haveria em refrear essa torrente selvagem de espontânea absurdidade que agora é, por alguns poucos anos, o seu dom divino, para publicar seus primeiros livrinhos de versos experimentais? Ganhar dinheiro? Ambos sabemos que isso está fora de questão. Receber críticas? Mas seus amigos condimentaram seus manuscritos com críticas muito mais sérias e perspicazes do que as que possa lhe fazer um resenhista. Em relação à fama, eu lhe imploro para que olhe para os famosos; veja como as águas do aborrecimento os rodeiam tão logo chegam a qualquer lugar; observe sua pomposidade, seu ar profético; reflita que os grandes poetas foram anônimos; pense em como Shakespeare não se importava com a fama; que Donne jogava seus poemas na lata de lixo; escreva um ensaio dando um só exemplo de um escritor inglês moderno que sobreviveu aos discípulos e admiradores, caçadores de autógrafos e entrevistadores, jantares e almoços, celebrações e comemorações com que a sociedade inglesa tão eficazmente enche a boca de quem canta e cala suas canções.

Mas já basta. De qualquer forma, eu me recuso a ser necrófila. Conquanto você e você e você, veneráveis e antigos representantes de Safo, Shakespeare e Shelley, tenham exatamente vinte e três anos e se proponham — ah, que invejável! — passar os próximos cinquenta anos de suas vidas escrevendo poesia, eu me recuso a pensar que a arte está morta. E se alguma vez recair sobre você a tentação da necrofilia, seja advertido pelo destino daquele velho cavalheiro cujo nome me esqueci, mas que acho que era Peabody. No próprio ato de condenar todas as artes ao túmulo, ele se engasgou com um grande pedaço de torrada quente com manteiga e, segundo me disseram, o consolo de que logo se reuniria a Plínio, o Velho, nas sombras não lhe pareceram oferecer qualquer tipo de satisfação.

E então, com respeito às partes íntimas, indiscretas e por certo as únicas que realmente interessam desta carta...

1932

O ARTÍFICE[1]

O título desta série é "Faltam-me palavras", e esta conferência em particular se chama "Artifício". Devemos supor, por isso, que a conferencista pretende discutir a arte das palavras — o artifício do escritor. Mas há aí algo de incongruente, inadequado, em aplicar o termo "artifício" em relação às palavras. O dicionário da língua inglesa, a que recorremos nos momentos de dilema, confirma nossas dúvidas. Diz que a palavra "artifício" tem dois significados; em primeiro lugar significa fazer objetos úteis com matéria sólida — uma panela, uma poltrona, uma mesa, por exemplo. Em segundo lugar a palavra "artifício" significa ardil, astúcia, fingimento. Ora, sabemos pouco sobre o que é exato acerca das palavras, mas ainda assim sabemos o seguinte — que as

---

1. Transmitido por rádio em 20 de abril de 1927.

palavras nunca fazem algo útil, e as palavras são as únicas que dizem a verdade e nada mais do que a verdade. Por isso, falar de artifício em relação às palavras equivale a reunir duas ideias incongruentes, porque, se casadas, podem dar à luz um monstrengo digno de uma vitrine num museu. Então, é necessário mudar logo o título da conferência e substituí-lo por outro — "Uma divagação em torno das palavras", talvez. Porque, quando se corta a cabeça de uma conferência, ela se comporta como uma galinha decapitada. Começa a correr em círculos até que cai morta — ao menos é o que dizem os matadores de galinhas. E esse deve ser o curso, ou o círculo, desta conferência decapitada. Então, tomemos como ponto de partida o postulado de que as palavras não são úteis. Felizmente, não é necessária muita comprovação, porque todos somos cientes disso. Quando andamos de metrô, por exemplo, enquanto esperamos na plataforma, vemos um letreiro iluminado, colocado diante de nós, com as palavras "Passando por Russell Square". Olhamos as palavras; as repetimos; procuramos imprimir esse fato útil em nossas mentes; o próximo metrô passará por Russell Square. Repetimos as palavras outra vez, enquanto andamos: "Passando por Russell Square, passando por Russell Square." E então, à medida que dizemos, as palavras se desordenam e mudam, e logo estamos dizendo, "Passando, diz o mundo, passando... As folhas esvaecem e caem, as névoas deploram seu fardo para o chão. O homem vem...". E então despertamos e nos encontramos em King's Cross.

Consideremos outro exemplo. Escritas diante de nós no vagão do metrô estão as palavras: "Não se encoste na janela." Numa primeira leitura, o significado útil, o sentido superficial, é transmitido; mas um pouco depois, quando nos sentamos olhando as palavras, elas se embaralham e mudam; e começamos a dizer: "Janelas, sim, janelas — caixilhos que se abrem na espuma de perigosos mares, nas feéricas terras perdidas." E sem saber o que estamos fazendo, encostamos na janela; buscamos por Ruth, que chora no país estrangeiro.[2] A pena correspondente é vinte libras ou um pescoço quebrado.

Isso prova, se for necessário provar, o escasso talento natural das palavras para serem úteis. Se insistimos em contrariar sua natureza para que sejam úteis, veremos — em nossas costas — como nos confundem, como nos enganam, como nos assestam um golpe na cabeça. Tantas vezes somos enganados dessa maneira pelas palavras, tantas vezes nos demonstraram que detestam serem úteis, que sua natureza não é expressar um postulado único, mas milhares de possibilidades — enfim, já o fizeram tantas vezes, que, por sorte, estamos começando a assumir o fato. Estamos começando a inventar outra linguagem — uma linguagem perfeita e belamente adaptada para expressar postulados úteis: uma linguagem de signos. Existe um grande mestre vivo dessa linguagem, com

---

2. Cf. "Ode sobre um rouxinol", de John Keats. KEATS, J. *Odes*. Trad. Wagner Schadeck. Curitiba: Anticítera, 2016.

quem todos nós estamos em dívida, o escritor anônimo — ninguém sabe se é um homem, uma mulher ou um espírito desencarnado — que descreve os hotéis no Guia Michelin. Ele quer dizer que um hotel é de qualidade média, que outro é bom e que um terceiro é o melhor da cidade. Como ele o faz? Não com palavras; as palavras imediatamente evocariam arbustos e mesas de bilhar, homens e mulheres, a lua nascente e o horizonte interminável do mar no verão — todas essas coisas são boas, mas estão totalmente fora de lugar ali. Ao contrário, ele se atém aos sinais: um frontão, dois frontões, três frontões. É tudo o que diz e tudo o que é necessário dizer.[3] Baedeker leva, no entanto, a linguagem além dos signos, até os sublimes reinos da arte. Quando deseja dizer que uma pintura é boa, usa uma estrela; se é muito boa, duas estrelas; quando, em seu firme entendimento, a pintura é obra de um gênio transcendente, três estrelas negras iluminam a página, e isso é tudo. Assim, com um punhado de estrelas e adagas, toda a crítica da arte, toda a crítica literária poderia se reduzir ao tamanho de uma moeda de seis pences — existem momentos em que por certo desejaríamos que assim o fosse. Mas tudo isso sugere que no futuro os escritores terão duas linguagens a seu serviço; uma para os fatos; outra para a ficção. Quando o biógrafo deve expressar um fato útil e necessário, como, por exemplo, que Oliver Smith foi para a universidade

---

3. Cf. "Ode a uma urna grega", de John Keats. *Op. Cit.*

e fez o terceiro período em 1892, ele o expressará com um zero sobre o número cinco. Quando o romancista é obrigado a nos informar que John tocou a campainha e, após uma pausa, a porta foi aberta e a empregada disse "A senhora Jones não está em casa", ele, para nosso enorme benefício e conforto, não deverá expressar essa declaração repulsiva com palavras, não em palavras, mas em sinais — por exemplo, com um *H* maiúsculo sobre o número três. Logo, chegará um dia em que nossas biografias e romances serão magros e musculosos, e que a empresa de metrôs que anunciar "Não se debruçar na janela" com palavras será penalizada com uma multa não superior a cinco libras pelo uso inadequado da linguagem.

As palavras, desta forma, não são úteis. Então nos aproximemos de suas outras qualidades, sua qualidade positiva; quer dizer, de seu *poder de dizer a verdade*. Mais uma vez, de acordo com o dicionário, existem pelo menos três tipos de verdades: a verdade de Deus ou a dos evangelhos, a verdade literária e a verdade comum (quase sempre desfavorável). Mas considerar cada uma separadamente levaria muito tempo. Então simplifiquemos a questão e afirmemos que, como a única prova de verdade é a duração da vida, e dado que as palavras sobrevivem aos golpes e às mudanças do tempo muito mais do que qualquer outra substância, são logo mais verdadeiras. Os edifícios desmoronam; até a terra perece. O que ontem era um milharal hoje é um bangalô. Mas as palavras, se utilizadas adequadamente, parecem poder viver para sempre. A seguir poderíamos perguntar qual seria, então, o uso adequado das palavras. Não seria, como dissemos, fazer uma declaração útil, porque uma declaração útil é algo que significa uma só coisa. E é da natureza das palavras significar muitas coisas. Consideremos a simples frase "Passando por Russell Square". Ela se provou inútil porque, além do significado superficial, continha numerosos significados subjacentes. A palavra "passando" sugeria a transitoriedade das coisas, a passagem do tempo e as mudanças da vida humana. Então a palavra "Russell" evocava o farfalhar das folhas e de uma saia sobre um piso lustrado, também a casa do duque Bedford e a metade da história da Inglaterra. Por último, a palavra "Square" evoca a forma de uma praça de fato combinada com certa insinuação visual da líquida angularidade do estuque. Assim, uma das frases mais simples desperta a imaginação, a memória, os olhos e ouvidos — todos se conjugam para a ler.

Mas se conjugam — se conjugam de maneira inconsciente. Enquanto assinalamos e enfatizamos as sugestões, como fizemos aqui, elas se tornam irreais; e nós também nos tornamos irreais — especialistas, traficantes de palavras, localizadores de frases, não leitores. Quando lemos, devemos permitir que os significados subjacentes continuem subjacentes, sugeridos, não declarados; caindo e fluindo um no outro como os juncos no leito de um rio. Mas as palavras dessa frase "Passando por Russell Square" são é claro muito rudimentares. Elas não mostram nenhum traço do poder estranho e diabólico que as palavras têm quando não são datilografadas, mas brotam frescas do cérebro humano — o poder de evocar o escritor, seu caráter, seu aspecto, sua esposa, sua família, sua casa — até o gato aconchegado no tapete em frente à casa. Por que as palavras fazem isso, como fazem, como impedir que façam assim... ninguém sabe. Por que as palavras fazem isso, como elas fazem isso, como impedi-las de fazer isso ninguém sabe. Elas fazem isso sem o consentimento do escritor; quase sempre contra a sua vontade. Presumivelmente, nenhum escritor deseja impor seu próprio e lamentável caráter, seus próprios segredos e seus vícios particulares ao leitor. Mas algum escritor, que não seja uma máquina de escrever, conseguiria ser inteiramente impessoal? Sempre, de modo inevitável, chegamos a conhecer os escritores tanto como seus livros. O poder sugestivo das palavras é tal que quase sempre transforma um livro ruim num ser humano adorável e um livro bom num homem cuja presença a duras penas podemos tolerar. Até as palavras com cem anos de idade têm esse poder; quando são recentes, elas têm esse poder tão aflorado que nos ensurdece ao que o escritor quer dizer — só damos ouvidos para elas, só temos olhos para elas. Essa é uma das razões pelas quais nossa opinião sobre os escritores vivos é tão errática. Só depois de um escritor ter morrido é que suas palavras ficam até certo ponto desinfetadas, purificadas dos acidentes do corpo vivo.

Pois bem, esse poder de sugerir é uma das propriedades mais misteriosas das palavras. Todos que alguma vez já escreveram alguma frase devem ter consciência, ou estar meio consciente, disso. As palavras, as palavras em língua inglesa, estão repletas de ecos, de lembranças, de associações — naturalmente. Há muitos séculos que circulam por todas as partes, na boca das pessoas, nas casas, nas ruas, nos campos. E essa é uma das principais dificuldades para escrevê-las hoje — estão tão carregadas de sentidos, de lembranças, contraíram tantas núpcias célebres. A esplêndida palavra "encarnado", por exemplo — quem poderia usá-la sem a lembrança dos "múltiplos oceanos"? Nos velhos tempos, claro, quando o inglês era uma língua nova, os escritores podiam inventar novas palavras e usá-las. Hoje em dia é fácil demais inventar novas palavras — sobem à boca cada vez que vemos algo de novidade ou experimentamos uma nova sensação — e no entanto não podemos usá-las, porque a língua é velha. Não podemos usar uma palavra recém-criada em um idioma velho devido ao fato bastante óbvio mas misterioso de que uma palavra não é uma entidade única e separada, mas parte de outras palavras. Não é uma palavra de fato até que faça parte de uma frase. As palavras pertencem umas às outras, embora, é claro, só um grande escritor saiba que a palavra "encarnado" pertence a "múltiplos oceanos".[4] Combinar palavras novas com palavras velhas é fatal para a constituição da frase. Para poder usar palavras novas corretamente, você terá que inventar uma nova língua; e isso, embora sem dúvida

---

4. Cf. *"multitudinous sea"*, no original. Shakespeare: *Macbeth*. Ato 2, cena 2. (N. T.)

acontecerá algum dia, até o momento não nos interessa. O que nos interessa é ver o que podemos fazer com a língua inglesa tal como está. Como podemos combinar as palavras velhas em novas ordens para que possam sobreviver, para que possam criar beleza, para que possam dizer a verdade? Eis a questão.[5]

E aquele que pudesse responder a essa pergunta mereceria qualquer coroa de glória que o mundo tenha a lhe oferecer. Pensemos no que significaria poder ensinar, poder aprender, a arte da escrita. Ora, cada livro, cada jornal diria a verdade, criaria beleza. Mas há, segundo parece, alguns obstáculos no caminho, obstáculos ao ensino das palavras. Porque, embora neste mesmo instante pelo menos cem professores estejam lecionando sobre literatura de outrora, pelo menos mil críticos estão resenhando a literatura contemporânea, e cem homens e mulheres jovens estão sendo aprovados em seus exames de literatura inglesa com as melhores qualificações; no entanto — escrevemos melhor, lemos melhor do que líamos e escrevíamos há quatrocentos anos, quando éramos ignorantes, não resenhados e não ensinados? Nossa literatura georgiana é um arremedo da literatura elisabetana? Quem poderíamos culpar? Não os nossos professores; não os nossos resenhistas; não os nossos escritores; mas as palavras. A culpa é das palavras. Elas são as mais selvagens, as mais livres, as mais irresponsáveis e as mais inacessíveis

---

5. Cf. Shakespeare: *Hamlet*. Ato 3, cena 1. (N. T.)

de todas as coisas. É claro que devemos apanhá-las, catalogá-las e colocá-las em dicionários em ordem alfabética. Mas as palavras não vivem nos dicionários; elas vivem na mente. Se você quiser uma prova, pense em quantas vezes nos momentos de intensa emoção, quando mais precisamos das palavras, não encontramos nenhuma. No entanto, existe o dicionário; ali estão, à nossa inteira disposição, mais de meio milhão de palavras dispostas em ordem alfabética. Mas podemos usá-las? Não, porque as palavras não vivem nos dicionários; vivem na mente. Olhe outra vez no dicionário. Ali, sem sombra de dúvida, existem peças de teatro mais esplêndidas que *Antônio e Cleópatra*, poemas mais admiráveis do que "Ode a um rouxinol", romances entre os quais *Orgulho e preconceito* ou *David Copperfield* não passam de bagunças rudes de amadores. É só uma questão de encontrar as palavras certas e colocá-las na ordem certa. Mas é impossível fazer isso porque as palavras não vivem nos dicionários; vivem na mente. E como elas vivem na mente? De uma maneira variada e estranha, bastante parecida com a vida humana, indo de lá para cá, se apaixonando e se unindo. É certo que estão muito menos sujeitas à cerimônia e à convenção do que nós. As palavras reais acasalam com as plebeias. Palavras inglesas acasalam com as palavras francesas, palavras alemãs, palavras indianas, palavras africanas, desde que sintam atração. Por certo, quanto menos perguntarmos pelo passado de nossa querida Língua Mãe inglesa, melhor será para a reputação dessa senhora. Pois ela se tornou uma erradia, uma bela moça erradia.

Logo, estabelecer qualquer tipo de lei para essas vagabundas incorrigíveis é pior do que inútil. As únicas restrições que lhes podemos impor são umas poucas e insignificantes regras gramaticais e ortográficas. Tudo o que podemos dizer sobre as palavras, enquanto as espiamos da entrada dessa profunda, obscura e parcialmente iluminada caverna onde vivem — a mente —, tudo o que podemos afirmar delas é que parecem gostar de pessoas que pensam e sentem antes de empregá-las; mas não pensar e sentir a respeito delas, mas sobre algo diferente. Elas são extremamente sensíveis e se tornam cientes com grande facilidade. Não gostam que se discuta sua pureza ou impureza. Se você fundar uma Sociedade do Puro Inglês, elas mostrarão seu ressentimento fundando outra para o inglês impuro — daí a violência descomunal de grande parte do discurso moderno: é um protesto contra os puristas. Elas também são extremamente democráticas; elas acreditam que uma palavra é tão boa como outra; palavras incultas são tão boas como palavras cultas, palavras não educadas, tão boas como as cultivadas; em sua sociedade, não existem classes, nem títulos. Tampouco lhe agradam serem erguidas na ponta da pena e examinadas em separado. Andam juntas, em frases, em parágrafos, às vezes durante muitas páginas seguidas. Odeiam ser úteis; odeiam ganhar dinheiro; odeiam que falem delas em público. Em suma, odeiam tudo aquilo que lhe imponha um significado único ou as confine a uma só atividade, porque é de sua natureza mudar.

Talvez essa seja sua peculiaridade mais notável — a necessidade de mudança. É porque a verdade que as palavras tentam captar é multifacetada, e elas se expressam tendo também muitas faces, piscando para um lado e para outro. Assim elas significam uma coisa para uma pessoa, outra coisa para outra pessoa; para uma geração, são ininteligíveis; para a seguinte, são mais claras do que a água. E é por causa dessa complexidade que elas sobrevivem. É provável que hoje não tenhamos nenhum grande poeta, nenhum grande romancista ou crítico, porque negamos a liberdade às palavras. Nós lhes atribuímos um único significado, seu significado útil, o significado que nos faz tomar o metrô, o significado que nos ajuda a passar no exame. E quando as palavras são fixadas, elas dobram suas asas e morrem. Por último, e com maior ênfase, as palavras, assim como nós, necessitam de privacidade para viver à vontade. Sem dúvida, elas gostam que pensemos, e gostam que sintamos, antes de usá-las; mas também gostam que tenhamos alguma pausa, que fiquemos inconscientes. Nossa inconsciência é sua privacidade; nossa obscuridade é sua luz... A pausa foi feita, aquele véu de escuridão foi derrubado, para tentar com que as palavras se unissem num desses rápidos enlaces que formam imagens perfeitas e criam beleza eterna. Mas não — nada disso acontecerá esta noite. As pequenas malcriadas estão desgastadas, desatentas, desobedientes, idiotas. O que é que elas murmuram? "Acabou o tempo! Silêncio!"

O MEDIANO[1]

Ao editor do *New Statesman*

Senhor,

Permita-me chamar sua atenção para o fato de que, numa resenha sobre um livro de minha autoria (outubro), seu resenhista omitiu o uso da palavra *intelectual*.[2] A não ser por essa omissão, a resenha me produziu um prazer tão grande, que não me atrevo a lhe perguntar, sob o risco de parecer indevidamente egoísta, se seu resenhista, um homem de evidente inteligência, não teria pretendido me negar a minha reivindicação a esse título. Digo "reivindicação", porque com toda a certeza posso

---

1. Esta carta foi escrita, mas jamais enviada ao *New Statesman*. (N. A.)
2. Categoria da Frenologia, os termos *highbrow*, *middlebrow* e *lowbrow* relacionavam o grau de inteligência com o tamanho da cabeça — a dimensão da fronte. (N. T.)

reivindicar esse título, quando um grande crítico, que é também um grande romancista, uma combinação por certo rara e invejável, sempre me chama de intelectual quando condescende a levar em conta meu trabalho num grande jornal; e além do mais, sempre encontra espaço para informar, não só a mim, que já o sei, mas também a todo o Império Britânico, que segue com avidez cada uma de suas palavras, que moro em Bloomsbury. O seu resenhista também ignora esse fato? Ou, apesar de toda a sua inteligência, considera desnecessário colocar o endereço postal do escritor na resenha de um livro?

A resposta dele a essas perguntas, ainda que de verdadeiro valor para mim, não podem suscitar o menor interesse na maioria do público leitor. Estou perfeitamente ciente disso. Mas já que questões maiores também estão envolvidas, desde que os problemas da Batalha das Frontes, segundo dizem, perturba o ar da noite, uma vez que a mentes mais brilhantes de nossa época ultimamente se consagram a debater, não sem aquela paixão própria das nobres causas, o que é um intelectual e o que é um popular, qual dos dois é melhor e qual o pior, posso aproveitar esta oportunidade para exprimir a minha opinião sobre certos aspectos da questão que, a meu entender, lamentavelmente têm passado despercebidos?

Pois bem, não podem existir duas opiniões a respeito do que é um intelectual. É um homem ou uma mulher de inteligência, puro-sangue que galopa sua mente pelo campo atrás de uma ideia. É por isso que sempre me sinto orgulhosa de me chamarem de intelectual. É por isso que, se pudesse ser mais intelectual do que sou, eu o seria. Honro e respeito os intelectuais. Algumas de minhas relações são com intelectuais e também alguns têm sido, embora nem todos sob o mesmo conceito, meus amigos. Ser um intelectual, um intelectual completo e representativo, um intelectual como Shakespeare, Dickens, Byron, Shelley, Keats, Charlotte Brontë, Scott, Jane Austen, Flaubert, Hardy ou Henry James — para mencionar apenas alguns de mesmo ofício e escolhidos ao acaso — supera, é claro, os mais loucos sonhos de minha imaginação. E, ainda que alegremente ajoelhasse na poeira e beijasse suas pegadas, nenhuma pessoa em sã consciência negaria que essa preocupação apaixonada que compartilham — cavalgar o campo atrás de ideias — às vezes leva ao desastre. Indubitavelmente, leva a terríveis quedas. Tomemos Shelley — que bagunça ele fez em sua vida! E Byron, indo para a cama com a primeira mulher que cruzava em sua frente e depois com outra, morrendo na lama de Missolonghi. Veja Keats, que amava a poesia e Fanny Brawne com tanta intensidade, que sofreu e morreu de tuberculose aos vinte e seis anos. E mais uma vez Charlotte Brontë — sei de boa fonte que Charlotte Brontë era, com a possível exceção de sua irmã Emily, a pior dona de casa das Ilhas Britânicas. E também Scott, que caiu em bancarrota e deixou como legado, junto com poucos romances magníficos, uma casa, Abbotsford, que é talvez a mais feia de todo o Império. Mas creio que bastam esses exemplos — não necessito insistir no fato de que os intelectuais, por uma ou outra razão, são absolutamente incapazes de levar com sucesso o que costumamos chamar de vida real. É por isso que, e aqui me refiro a um aspecto que surpreende ser ignorado com tanta frequência, eles honram de todo o coração e dependem por completo daqueles a quem se denomina "popular". O vocábulo "popular" refere-se, é claro, a um homem ou uma mulher cuja vitalidade, puro-sangue, galopa seu corpo pela vida em busca de ganha-pão. É por isso que honro e respeito os populares — e jamais conheci um intelectual que não o fizesse. Sendo eu mesma uma intelectual (e conhecendo minimamente as minhas imperfeições nessa linha), amo os populares; eu os estudo; sempre me sinto perto do condutor no ônibus e procuro que me diga como é — ser um condutor de ônibus. Qualquer que seja a pessoa com quem me encontro, sempre procuro saber como é — ser um condutor, ser uma mulher com dez filhos e trinta e cinco xelins semanais, ser um corretor de valores, ser um almirante, ser um bancário, ser uma costureira, ser uma duquesa, ser um mineiro, ser uma cozinheira, ser uma prostituta. Tudo o que os populares fazem me provoca um interesse e um espanto supremos, porque, como boa intelectual que sou, não posso fazer as coisas sozinha.

É o que me leva a considerar outro aspecto que também costuma ser surpreendentemente esquecido. Os populares necessitam dos intelectuais e os honram tanto como os intelectuais necessitam dos populares e os honram. Esse não é um assunto que exige muita demonstração. Bastaria dar um passeio pela Strand numa noite úmida de inverno e observar as multidões que fazem fila para entrar no cinema. Depois de um longo dia de trabalho, os populares esperam sob a chuva, por vezes durante horas, para conseguir as entradas mais baratas e se sentar para ver como são vistas as suas vidas nas salas quentes e abafadas. Sendo populares, uma vez que estão consagrados à magnífica aventura de cavalgar a toda a brida de um extremo a outro da existência em busca de um meio de ganhar a vida, eles são incapazes de se imaginar fazendo isso. Mas nada os interessa mais. Nada lhes importa mais. É uma das necessidades primordiais da vida para eles — ver como é a vida. E os intelectuais são, claro, os únicos que podem lhes mostrar. Porque são os únicos que não fazem coisas; são também os únicos que podem ver como se fazem as coisas. É assim, e eu estou certa de que é assim; no entanto nos dizem — o ar parece zumbir pela noite, a imprensa nos bombardeia durante o dia, os asnos nos campos não fazem mais além de zurrar, até os vira-latas só ladram — "Os intelectuais odeiam os populares! Os populares odeiam os intelectuais" —, quando na verdade os intelectuais necessitam dos populares e os populares necessitam dos intelectuais, quando não podem existir separados, quando um é o complemento e a face oposta do outro! Como chegou a existir tamanha mentira? Quem fez uma fofoca maliciosa dessas vir à tona?

Não há dúvida alguma também a esse respeito. É obra dos medianos. Devo confessar que são pessoas que raras vezes olho com inteira cordialidade. São os alcoviteiros; são os intrometidos que correm de um a outro com suas fofocas e provocam mal-entendidos — os medianos, repito. Mas você bem poderia me perguntar: o que é um mediano? E essa, para dizer a verdade, não é uma pergunta fácil de se responder. Os medianos não são uma coisa nem outra. Não são intelectuais, cujas frontes são amplas; não são populares, cujas frontes são baixas. Suas frontes não são nem uma nem outra coisa. Não residem em Bloomsbury, que é terreno alto, mas tampouco em Chelsea, que é terreno baixo. Dado que presumivelmente devem residir nalgum outro lugar, talvez em South Kensington, que não é nem uma nem outra coisa. O mediano é um homem ou uma mulher de inteligência meio-sangue, que anda a passo lento um pouco deste lado um pouco do outro lado, sem perseguir nenhum objeto específico, nem a arte em si nem a vida em si, mas ambos indistintamente misturados, e um tanto perversamente, com dinheiro, fama, poder ou prestígio. O mediano corteja de modo espúrio os favores de ambos os lados por igual. Ele liga para os populares e lhes diz que, se bem que não seja de todo um deles, quase é um amigo. Um instante depois, ele liga para os intelectuais e lhes pergunta com idêntica afabilidade se não poderiam tomar chá com ele. Pois bem, existem intelectuais — e eu mesma conheci certas duquesas que eram intelectuais e também algumas arrumadeiras, e ambas me disseram, com essa linguagem contundente que por várias vezes une a aristocracia às classes trabalhadoras, que preferiam se sentar juntas, lado a lado, no porão de carvão, antes de se sentar para tomar chá com os medianos. A mim mesma me pedem — mas posso, se me for permitido, por uma questão de minha concisão, narrar em forma de ficção esta cena, que só é fictícia em parte? —, a mim mesma, então, me pedem que os vá "ver" — que estranha é essa paixão sua por "serem vistos"! Então, como vinha dizendo, eles me ligam por volta de onze da manhã e me pedem para ir tomar chá. Eu vou ao guarda-roupas e considero, de forma lúgubre, qual é a coisa certa a vestir? Nós, intelectuais, podemos ser inteligentes, ou podemos ser miseráveis, mas nunca temos a coisa certa para vestir. Prossigo para perguntar: Qual é a coisa certa a dizer? Qual é a faca certa a usar? Qual é o livro certo a elogiar? Todas essas são coisas que não sei de antemão. Nós, intelectuais, lemos o que nos agrada e fazemos o que nos agrada e elogiamos o que nos agrada. Também sabemos o que não nos agrada — por exemplo, o chá com pão cortado fino e untado com manteiga. A dificuldade de comer pão fino untado com manteiga com luvas de pelica branca sempre me dá a impressão de ser um dos problemas mais insuperáveis da vida. Também me desagradam os volumes encadernados dos clássicos atrás de uma vitrine. E além disso, desconfio de gente que chama tanto Shakespeare quanto Wordsworth de "Bill", sem fazer distinção — é um hábito que, no melhor dos casos, leva à confusão. E, em questão de roupas, me agrada que as pessoas se vistam muito bem, ou se vistam muito mal; não com a roupa certa. Depois tem a questão dos jogos. Sendo como sou, uma intelectual, não jogo nada.

Mas amo ver quem sente paixão pelos jogos jogar. Esses medianos, ao contrário, jogam bola em qualquer canto, brandem os bastões que possuem e sempre apagam suas pegadas no críquete. E quando o pobre mediano monta e o cavalo começa a trotear, não existe para mim uma imagem mais penosa em todo o Rotten Row. Resumindo (para poder prosseguir com a história), aquele chá não foi um sucesso absoluto, mas também não um fracasso total, porque o mediano, que escreve, me seguiu até a porta, me deu jovialmente um tapinha nas costas e anunciou: "Vou lhe enviar meu livro!" (ou ele chamou de "as minhas coisas"?). E seu livro chega — com toda a certeza, ainda que simbolicamente intitulado *Keepaway*,[3] chega. E eu leio uma página aqui, outra acolá (estou tomando café da manhã, como de costume, na cama). E não está bem escrito nem mesmo mal escrito. Não é próprio nem impróprio — em suma, não é nem uma coisa nem outra. Pois bem, se existe algum tipo de livro pelo qual eu tenha, talvez, uma imperfeita compaixão é precisamente por aquele que não é nem uma coisa nem outra. E assim, ainda que sofra de gota durante as manhãs — se nossos ancestrais caíam na cama, bêbados como cubas durante dois ou três séculos, sem dúvida eu merecia uma dose dessa enfermidade —, me levanto. Visto-me. Aproximo--me com dificuldade da janela. Pego o livro com a mão direita inchada e lanço-o suavemente, por cima da cerca

---

3. Nome de um famoso neutralizante de cio canino. (N. T.)

viva, para o campo. As ovelhas famintas — eu me lembrei de dizer que esta parte da história transcorre no campo, sim? —, as ovelhas famintas levantam o olhar, mas não se enfastiam.

Mas, para acabar com a narrativa e sua tendência a cair em poesia — registrarei uma conversa perfeitamente prosaica em palavras de uma sílaba. Por vezes pergunto a meus amigos populares, enquanto comemos muffins e mel, a que se deve o fato de, enquanto nós, intelectuais, nunca compramos um livro de um mediano, nem vamos a uma conferência de um mediano, nem lemos, a menos que nos paguem por isso, uma resenha de um mediano, eles, ao contrário, levam tão a sério essas atividades dos medianos. Por que, eu lhes pergunto (não nas transmissões de rádio, claro), vocês são tão modestos? Vocês acham que as descrições de suas vidas, tais como são, seriam sórdidas demais e mesquinhas demais para serem belas? Por isso preferem a versão mediana do que os medianos têm a cara de pau de chamar de humanidade real? — essa mistura de genialidade e de sentimento unidos por uma gosma pegajosa de gelatina mocotó de bezerro? A verdade, se você estivesse disposto a acreditar nela, é muito mais bela do que qualquer mentira. Então, mais uma vez, eu continuo, como você pode permitir que os medianos lhes ensinem a escrever? — você, que escreve com tanta beleza quando com naturalidade, que eu daria minhas duas mãos para escrever como você — por isso jamais pretendo fazer isso, mas faço o impossível para aprender a arte de escrever como correspondente a uma intelectual. E mais uma vez, insisto, brandindo um muffin da borda de uma colher de chá, como se atrevem os medianos a ensinar como ler — Shakespeare, por exemplo? A única coisa que você tem a fazer é ler. A edição de Cambridge é boa e barata. Se achar difícil *Hamlet*, convide-o para tomar um chá. Ele é um intelectual. Peça a Ofélia para conhecê-lo. Ela é uma popular. Falem com eles como falariam comigo, e saberão mais sobre Shakespeare do que tudo o que todos os medianos do mundo poderiam lhes ensinar — a propósito, a julgar por certas frases, não creio que Shakespeare nem Pope agradam os medianos.

A tudo isso, os populares replicam — mas não posso imitar aqui seu estilo — que se consideram pessoas comuns, sem muita formação. É muito gentil por parte dos medianos tentar ensiná-los cultura. E afinal, os populares prosseguem, os medianos, como o resto dos mortais, precisam ganhar dinheiro. Devem ganhar dinheiro ensinando e escrevendo livros sobre Shakespeare. Hoje em dia todos nós temos que ganhar a vida, eu me lembro de meus amigos populares. Estou completamente de acordo. Até mesmo aqueles de nós cujas tias caíram cavalgando a caminho da Índia e lhes deixaram uma renda anual de quatrocentas e cinquenta libras, agora reduzida, graças à guerra e outros luxos, a pouco mais de duzentas libras, até mesmo nós temos que fazer isso. E é o que fazemos, também, escrevendo sobre o que quer que nos pareça divertido — já se escreveu o suficiente sobre Shakespeare —; Shakespeare paga mal. Nós, os intelectuais, concordo, temos que ganhar a vida; mas, quando ganhamos o suficiente para viver, vivemos. Ao contrário, os medianos, quando ganham o suficiente para viver, continuam ganhando o suficiente para comprar — e quais são as coisas que os medianos sempre compram? Móveis Queen Anne (falsos, mas caríssimos); primeiras edições de escritores mortos, sempre os piores; pinturas, ou reproduções de pinturas, de pintores mortos; casas do assim chamado "estilo rei Jorge" — mas nunca nada novo, jamais pintura de um pintor vivo, nem uma poltrona de carpinteiro vivo, nem livros de escritores vivos, porque comprar arte viva requer um gosto vivo. E como esse tipo de arte e esse tipo de gosto são o que os medianos denominam "intelectual" ou "Bloomsbury", o pobre mediano gasta uma fortuna em antiguidades falsas e deve continuar rabiscando papéis ano após ano, enquanto nós, os intelectuais, conversamos por telefone e saímos para passar o dia no campo. Isso é, claro, o pior de viver em grupo — gostar de estar com seus amigos.

Será que esclareci, então, senhor, que em minha opinião, a verdadeira batalha não seria entre os intelectuais e os populares, mas entre os intelectuais e os populares irmanados pelo sangue contra a exangue e perniciosa peste que se interpõe entre ambos? Se a BBC não fosse a "empresa nem uma coisa nem outra", utilizaria seu controle, não para disseminar rusgas entre irmãos, mas para comunicar o fato de que os intelectuais e os populares devem se aliar para exterminar uma peste que é a ruína de todo o ser pensante e vivente. É possível, citando suas colunas de resenha, que as romancistas "terrivelmente sensíveis" superestimem a umidade e asco deste crescimento fúngico. Mas a única coisa que posso dizer é que quando, caindo nesse fluxo a que as pessoas estranhamente chamam de consciência, e recolhendo aqui e ali a lã das ovelhas mencionadas anteriormente, eu perambulo por meu jardim nos subúrbios, os medianos me parecem estar em todas as partes. "O que é isso?", deploro. "Um mediano entre repolhos? Um mediano infectando aquela pobre ovelha velha? E a lua?" Ergo o olhar e contemplo o eclipse lunar. "Outra vez um mediano!", exclamo. "Um mediano obscurece, embota, mancha e vulgariza até a argêntea foice do céu." (Eu me "aproximo da poesia", conferir a resenha). E então meus pensamentos, como Freud nos garante que fazem os pensamentos, lançam-se (os do mediano avançam devagar com um sorriso puritano, por respeito ao Censor) ao sexo, e pergunto às gaivotas que gritam nas desoladas areias marinhas e aos camponeses que retornam um pouco bêbados a suas casas e a suas esposas o que será de nós, homens e mulheres, se o mediano sair ileso e só restar um sexo intermediário, mas não mais maridos nem mulheres? Dirijo a seguinte observação, com a maior humildade, ao primeiro-ministro. "Qual seria, senhor", pergunto, "o destino do Império Britânico e de nossos Domínios Ultramar se os medianos prevalecessem? Por acaso o senhor não leria um pronunciamento transbordando autoridade transmitido em emissoras de rádio e televisão?"

São esses os pensamentos, são essas as fantasias que visitam as "senhoras cultas e algo inválidas, com recursos privados" (conferir a resenha), quando andam por seus jardins nos subúrbios e contemplam as colinas e as casas de tijolos avermelhados construídas pelos medianos para que os medianos possam ter essa vista. Esses são os pensamentos "ao mesmo tempo alegres e trágicos e profundamente femininos" (conferir a resenha) de alguém que, no entanto, não "saiu de Bloomsbury" (conferir a resenha outra vez), um lugar onde os populares e os intelectuais convivem felizmente em termos igualitários sem que existam sacerdotes nem sacerdotisas, e onde, para ser bem franca, o adjetivo "sacerdotal" não é ouvido com frequência, nem é tido em alta estima. Esses são os pensamentos de alguém que permanecerá em Bloomsbury até que o duque de Bedford, com toda a razão, preocupado pela respeitabilidade de suas posses, aumente tanto o preço do alqueire, que Bloomsbury se transformará num lugar seguro para a residência dos medianos. Então, sim, ela irá embora.

Posso concluir como comecei, agradecendo seu resenhista pela amável e interessante resenha, mas também posso lhe dizer que, ainda que não me tenha chamado de intelectual por motivos que ele conhece melhor do que ninguém, não há no mundo outro nome que me agrade mais? Não peço nada senão que todos os resenhistas, para sempre e em todas as partes, me chamem de intelectual. Farei o impossível para estar à altura. Se preferirem, podem também acrescentar Bloombsury

W.C.1, que é meu código postal, e meu número de telefone que aparece no diretório. Mas se seu resenhista, ou, no caso, qualquer outro, se atrever a insinuar que resido em South Kensington, vou processá-lo. Se algum ser humano, homem, mulher, cão, gato ou verme se atrever a me chamar de mediano, empunharei minha pena e vou o apunhalar de morte.

Sua etc.,
Virginia Woolf

PROFISSÕES PARA MULHERES[1]

Quando sua secretária me chamou para vir aqui, disse-me que esta organização se preocupa com tudo o que se refere às possibilidades de emprego para as mulheres e sugeriu que lhe falasse algo de minhas próprias experiências profissionais. É verdade que sou mulher; é verdade que tenho uma profissão; mas quais experiências profissionais eu tive? É difícil dizer. Minha profissão é a literatura e nessa profissão há menos experiências para as mulheres do que em qualquer outra, a não ser pelo palco — menos, digo eu, do que é peculiar às mulheres. Porque o caminho foi aberto há muitos anos — por Fanny Burney, por Aphra Behn, por Harriet Martineau, por Jane Austen, por George Eliot —, muitas mulheres famosas, e muitas outras desconhecidas e esquecidas, chegaram

---

1. Palestra lida em *The Women's Service League*.

aqui antes de mim, pavimentaram o caminho e guiaram meus passos. Assim, quando comecei a escrever, encontrei poucos obstáculos materiais em meu caminho. Escrever era uma profissão honorável e inofensiva. A paz familiar não se via perturbada pelo riscar da pena. Não implicava nenhuma exigência para as despesas da família. Por dez xelins e seis pences, uma mulher pode comprar papel suficiente para escrever todas as obras de Shakespeare — caso tenha em mente fazê-lo. Uma escritora não necessita de pianos nem modelos, Paris, Viena e Berlim, mestres e amos. O papel para escrever ser barato é a razão, claro, de que as mulheres obtenham sucesso como escritoras antes de alcançarem o êxito em outras profissões.

Mas se querem que lhes conte minha história — ela é simples. Só é preciso imaginar uma menina num quarto com uma pena na mão. Ela só tinha que mover essa pena da esquerda para a direita — das dez até uma hora. E então lhe ocorreu fazer algo que, por fim, é simples e barato — colocar algumas dessas páginas em um envelope, estampar um carimbo de um pence na margem superior e colocá-lo em uma caixa vermelha na esquina. Foi assim que me tornei jornalista, e meu esforço foi recompensado no primeiro dia do mês seguinte — foi um dia muito glorioso para mim — com uma carta do editor que continha um cheque de uma libra, dez xelins e seis pences. Mas para lhes mostrar o quão pouco mereço ser chamada de profissional, tão pouco conheço das lutas e dificuldades dessas vidas, admito que, em vez de gastar esse dinheiro em pão e manteiga, aluguel, meias e sapatos, ou em pagar a conta do açougue, fui comprar um gato: um belo gato, um gato persa, que logo veio a me causar amargas brigas com meus vizinhos.

O que poderia ser mais fácil do que escrever artigos e comprar gatos persas com meus lucros? Mas esperem um instante. Os artigos devem versar sobre algo. O meu, como me lembro, era sobre um romance de um homem famoso. E enquanto escrevia essa resenha, descobri que, se fosse resenhar livros, tinha que lutar com certo fantasma. E o fantasma era uma mulher, e quando cheguei a conhecê-la melhor, eu lhe dei o apelido de uma heroína de um famoso poema — o Anjo na Casa.[2] Ela costumava ficar entre mim e o papel quando escrevia as resenhas. Era ela que me incomodava e me fazia perder tempo, e me atormentava tanto, que por fim eu a matei. Vocês, que são de uma geração mais jovem e mais feliz, podem não ter ouvido falar dela — talvez nem saibam o que quero dizer quando falo de Anjo na Casa. Eu vou descrevê-la com a maior concisão possível. Era a figura de uma mulher intensamente compreensiva. Ela era imensamente encantadora. Ela era de uma generosidade espantosa. Ela se destacava na difícil arte da vida familiar. Ela se sacrificava dia após dia. Quando se havia frango, comia a asa; se tinha uma corrente de ar, ela se sentava diante dela — em suma, era tão composta,

---

2. Poema narrativo escrito por Coventry Patmore, publicado em 1854 e ampliado até 1862. (N. T.)

que jamais tinha um pensamento ou um desejo próprio; ao contrário, sempre preferia simpatizar com os pensamentos e desejos alheios. Sobretudo — não é necessário dizer — ela era pura. Era de supor que sua pureza fosse a sua maior beleza — seus rubores, sua graça inexorável. Naqueles dias — os últimos da rainha Vitoria —, todas as casas tinham seu Anjo. E quando comecei a escrever, eu a encontrei logo nas primeiras palavras; ouvi o ruído de suas asas na minha página; ouvi o farfalhar de sua saia no cômodo. Quer dizer que nem bem peguei a pena para resenhar o romance daquele homem famoso, e ela se esgueirou pelas minhas costas e murmurou: "Querida, você é uma mulher jovem. Você está escrevendo sobre um livro escrito por um homem. Seja compreensiva; seja terna; adule; engane; use todas as artes e astúcias de nosso sexo. Jamais deixe que ninguém suspeite que você tem pensamento próprio. Acima de tudo, seja pura." E teve a intenção de guiar minha pena. Agora vou mencionar o único ato pelo qual quero receber crédito, ainda que o crédito de fato pertença a certos ancestrais excelsos que me deixaram uma soma de dinheiro — digamos, quinhentas libras anuais? — para que não tivesse que depender exclusivamente de meus encantos para ganhar a vida. Eu me voltei para ela e peguei pelo pescoço. Fiz o impossível para a matar. Meu álibi, se tivesse que enfrentar um tribunal, seria o de que agi em legítima defesa. Se não a tivesse matado, ela me mataria. Teria arrancado o coração de minha escrita. Porque, como descobri, apoiando a pena no papel, é impossível sequer resenhar um romance sem ter pensamentos próprios, sem expressar o que a nosso entender é a verdade sobre as relações humanas, a moral, o sexo. E todas essas questões, segundo o Anjo na Casa, as mulheres não podem abordar livre e abertamente; devem encantar; devem conciliar; devem — para dizer francamente — mentir para ter sucesso. Assim, cada vez que sentia a sombra de sua asa ou o resplendor de sua auréola sobre a página, levantava o tinteiro e o lançava contra ela. Ela não se deixava matar com facilidade. Sua natureza fictícia a ajudava muito. É muito mais difícil matar um fantasma do que uma realidade. Sempre voltava se arrastando, quando pensava que, por fim, eu a tinha despachado. Embora me alegrasse pensando que no fim a tinha matado, a luta foi árdua; me levou muito tempo, que poderia ter empregado melhor estudando gramática grega ou correndo o mundo em busca de aventuras. Mas foi uma experiência real; foi uma experiência que estava destinada a afetar todas as escritoras naquela época. Matar esse Anjo na Casa era parte da tarefa de toda a escritora.

Mas, continuando com minha história. O Anjo estava morto; o que então restava? Vocês podiam dizer que o que restava era um objeto comum e simples — uma mulher jovem num quarto com um tinteiro. Em outras palavras, agora que se desfizera a falsidade, essa jovem mulher só tinha que ser ela mesma. Ah, mas o que seria ser "ela mesma"? Quero dizer, o que é uma mulher? Não o sei, lhes garanto. Não acho que vocês saibam. Não acho que alguém possa saber até que ela tenha se expressado em todas as artes e profissões acessíveis à capacidade humana. Essa é por certo uma das razões pelas quais venho aqui, por respeito a vocês, que estão em processo de nos apresentar através de suas experiências o que é uma mulher, que estão em processo de nos oferecer, graças aos seus sucessos e seus fracassos, essa informação extremamente importante.

Mas, continuando a história de minhas experiências profissionais. Ganhei uma libra, dez xelins e seis pences por minha primeira resenha e comprei um gato persa com os lucros. Depois me tornei ambiciosa. Um gato persa está muito bem, eu disse, mas não basta um gato persa. Devo ter um automóvel. E assim foi que me fiz romancista; porque, por mais estranho que pareça, as pessoas lhe darão um carro por você contar uma história. E é, no entanto, mais estranho que no mundo não exista nada mais prazeroso do que contar histórias. É muito mais prazeroso do que escrever resenhas de romances famosos. E, no entanto, se atendo ao pedido de sua secretária e lhe conto minhas experiências profissionais como romancista, terei que lhe comentar uma experiência muito estranha que tive. E para serem capazes de compreendê-la, primeiro terão que imaginar o estado mental de um romancista. Espero não estar revelando segredos profissionais, se digo que o principal desejo de todo romancista é ser o mais inconsciente possível. Deve--se deduzir daí um estado de torpor perpétuo. Ele quer que a vida continue com extrema quietude e regularidade. Quer ver as mesmas caras, ler os mesmos livros, fazer a mesmas coisas dia após dia, mês após mês, enquanto

escreve, para que nada possa romper a ilusão em que
vive — para que nada possa perturbar ou inquietar o
misterioso bisbilhotar, a rodada de sentimentos, os dardos, as investidas e os descobrimentos repentinos desse
mesmo espírito tímido e evasivo, a imaginação. Suspeito
que esse estado é o mesmo para homens e mulheres. Seja
como for, quero que me imaginem tentando escrever
um romance em estado de transe. Quero que imaginem
uma mulher jovem sentada com uma pena na mão, pena
que no curso de muitos minutos, e para dizer a verdade,
durante horas, ela jamais afunda no tinteiro. A imagem
que me vem à mente quando penso nessa jovem é a imagem de um pescador que jaz submerso em seus sonhos à
beira de um lago profundo, com uma vara esticada sobre
a água. Ela deixava que sua imaginação vagueasse por
cada rocha e fissura deste mundo que jaz submersa nas
profundezas de nosso inconsciente. E por fim chegamos
à experiência, a experiência que ao meu entender é muito
mais comum entre as escritoras do que entre os escritores.
A linha deslizava entre os dedos da jovem. Sua imaginação
estava disparada. Tinha buscado lagos, profundidades,
lugares obscuros onde dormitam os grandes peixes. E
então houve um golpe. Houve uma explosão. Houve
espuma e confusão. A imaginação tinha se estatelado
contra algo duro. A jovem despertou de seu sonho. Ela
se encontrava num estado de perturbação aguda e difícil
de remontar. Para falar francamente, tinha pensado algo,
algo sobre o corpo, sobre as paixões que, como mulher,
era inapropriado mencionar. Os homens, como a razão

lhe advertia, ficariam chocados. A consciência do que diriam os homens sobre uma mulher que diz a verdade sobre suas paixões lhe tinha despertado do estado de inconsciência próprio do artista. Já não podia escrever. O transe tinha passado. Sua imaginação já não funcionava. Creio que essa é uma experiência muito comum entre as escritoras: o convencionalismo extremo do sexo oposto constitui uma obstrução para elas. Porque, apesar dos homens sensatamente outorgarem a si mesmos uma grande liberdade nesses aspectos, duvido que compreendam ou possam controlar a extrema severidade com que condenam essa mesma liberdade nas mulheres.

Essas foram então as minhas duas experiências genuínas. Foram as duas aventuras da minha vida profissional. A primeira — matar o Anjo na Casa — creio ter resolvido. Está morto. Mas a segunda, dizer a verdade sobre minhas experiências em relação ao corpo, não creio ter resolvido. Duvido que alguma mulher conseguiu resolver. Os obstáculos contra si são poderosos demais — e no entanto, muito difíceis de definir. Exteriormente, existe algo mais simples do que escrever livros? Exteriormente, quais são os obstáculos que devem enfrentar a mulheres e não os homens? Interiormente, creio, a situação é outra; a mulher ainda tem muitos fantasmas que combater, muitos preconceitos que superar. Por certo, deverá passar muito tempo ainda, a meu entender, para que uma mulher possa se sentar e escrever um livro sem encontrar um fantasma que matar, uma pedra contra a qual bater. E se isso é assim no âmbito da literatura, a mais livre de todas as profissões para mulheres, o que acontecerá com as novas profissões que vocês estão começando a exercer pela primeira vez?

Essas são as perguntas que, por ter tido tempo, me teria agradado lhes fazer. E por certo, se ponho muita ênfase em minhas experiências profissionais, é porque creio que também sejam as suas, ainda que de uma maneira diferente. Então, quando o caminho está nominalmente aberto — quando não existe nada que impeça que uma mulher seja médica, advogada ou funcionária pública —, existem muitos fantasmas e obstáculos, segundo creio, pairando no caminho. Discuti-los o defini-los tem, a meu entender, grande valor e importância, porque só assim é possível compartilhar o trabalho, resolver as dificuldades. Mas além disso, também é necessário estudar os fins e as ambições por que estamos lutando, pelos quais lutamos contra esses obstáculos formidáveis. Não se pode dar essas ambições por vencidas; é necessário questioná-las e analisá-las constantemente. Toda a situação, como a vejo — aqui, nesta sala, rodeada de mulheres que exerçam pela primeira vez na história não sei quantas profissões diferentes —, é de muito interesse e importância. Vocês ganham seus quartos próprios numa casa que até pouco era propriedade exclusiva dos homens. Podem, ainda que com muito trabalho e esforço, pagar o aluguel. Ganham suas quinhentas libras anuais. Mas essa liberdade não é senão o começo; o quarto é de vocês, mas por ora segue vazio. É preciso mobiliá-lo; é preciso decorá-lo; é preciso compartilhá-lo. Como vão mobiliá-lo, como vão decorá-lo? Com quem vão compartilhá-lo, em que termos? A meu entender, essas são perguntas de extrema importância e sumo interesse. Pela primeira vez na história, as mulheres podem formulá-las; pela primeira vez, podem decidir por sua própria conta qual deveria ser a resposta. Com todo o gosto, ficaria discutindo essas perguntas e respostas — mas não esta noite. Terminou o tempo, e devo encerrar.

POR QUÊ?

Quando apareceu o primeiro número de *Lisístrata*, confesso que me senti profundamente decepcionada. Estava tão bem impresso, em tão bom papel. Parecia uma revista bem estabelecida, próspera. Enquanto passava as páginas, tive a impressão de que a riqueza tinha descido sobre Somerville, e eu já estava a prestes a responder ao pedido do editor sobre a escrita de um artigo com uma negativa, quando li, para meu grande alívio, que uma das escritoras estava malvestida, ao que outra deduziu que as universidades femininas ainda precisam de poder e prestígio. Antes disso, fiz das tripas coração, e uma multidão de perguntas que há muito procuravam resposta subiu aos meus lábios, dizendo: "Esta é nossa chance."

Devo explicar que, como muitas pessoas hoje em dia, sou atormentada por perguntas. Acho impossível andar pela rua sem me deter, pode ser no meio da rua, para perguntar: por quê? Igrejas, bares, parlamentos, lojas, autofalantes, automóveis, o zumbido de um avião entre as nuvens e os homens e as mulheres inspiram perguntas. No entanto, qual o sentido de fazer perguntas a si mesmo? Deviam ser perguntadas abertamente em público. Mas o grande obstáculo para fazer perguntas abertamente em público é, claro, a riqueza. Esse pequeno sinal torcido que aparece ao fim da pergunta tem um jeito de fazer os ricos se contorcerem; o poder e o prestígio caem sobre ele com todo o peso. Por conseguinte, as perguntas, sendo como são, sensíveis, impulsivas e quase sempre tolas, costumam escolher com cautela o lugar onde desejam ser perguntadas. Elas murcham numa atmosfera de poder, prosperidade e pedra polida pelo tempo. Morrem às dúzias no limiar das redações dos grandes jornais. Elas fogem para bairros menos favorecidos, menos prósperos, onde as pessoas são pobres e, por isso, não têm nada a dar nem nada a perder. Assim, as perguntas que tanto me importunam para que lhes pergunte decidiram, com ou sem razão, que poderiam ser feitas em *Lisístrata*. Elas me disseram: "Não esperamos que nos convide para..." e aqui nomearam alguns de nossos periódicos diários e semanais mais respeitáveis; "nem em..." e aqui mencionaram algumas de nossas instituições mais veneráveis. "Mas, graças ao Deus!", exclamaram, "as universidades femininas não são pobres e novas? E são inventivas, aventureiras? E não pretendem criar um nova..."

"O editor proíbe o feminismo", interrompi com austeridade.

"O que é o feminismo?", gritaram elas em uníssono, e como não respondi de pronto, me lançaram uma nova pergunta: "Não lhe parece que já é hora de uma nova..."

Mas as fiz parar ao lembrar de que só tinham duas mil palavras à sua disposição. Ao ouvir isso, elas retrocederam, deliberaram entre si e, por fim, me solicitaram que só perguntasse uma ou duas das mais simples, as mais suaves e as mais óbvias. Por exemplo, existe uma pergunta que sempre surge no começo do semestre, quando as organizações enviam seus convites e as universidades abrem as portas — por que oferecer conferências, por que assistir a conferências?

Para formular essa pergunta com justiça diante de vocês, vou descrever, porque a memória conservou como viva lembrança, uma dessas ocasiões raras mas, como a rainha Vitoria teria colocado, nunca-lamentadas-o-bastante em que, em deferência da amizade ou na tentativa desesperada de obter informação sobre, talvez, a Revolução Francesa, me pareceu necessário assistir a uma conferência. Para começar, a sala tinha um aspecto híbrido — não era para o repouso, nem para a refeição. Talvez houvesse um mapa na parede; por certo, havia uma mesa sobre uma plataforma e várias fileiras de assentos bem pequenos, bastante duros e desconfortáveis. Os assentos estavam ocupados intermitentemente, como se fugissem da mútua companhia, por pessoas de ambos os sexos; algumas tinham cadernetas e batiam nas canetas-tinteiro, e outras não tinham nada e olhavam com a vacuidade e placidez de sapos-boi para o teto. Um grande relógio exibia seu triste mostrador — e quando deu a hora, surgiu um homem de aspecto enfastiado; um homem de cujo rosto o nervosismo, a vaidade ou talvez a deprimente e impossível natureza de sua tarefa haviam removido todos os vestígios de humanidade comum. Houve uma agitação momentânea. Ele tinha escrito um livro e, por um momento, é interessante ver uma pessoa que escreveu um livro. Todo mundo olhava para ele. Era calvo e imberbe; tinha boca e queixo; em suma, era um homem como qualquer outro, ainda que tivesse escrito um livro. O homem pigarreou para limpar a garganta e a conferência começou. Assim, a voz humana é um instrumento de poder diverso; pode encantar e pode tranquilizar; pode enfurecer e pode desesperar; mas quando oferece uma conferência, quase sempre é maçante. O que ele disse era bastante sensato; havia aprendizado naquilo, argumento e razão; mas à medida que a voz avançava, a atenção divagava. O mostrador do relógio parecia anormalmente pálido; os ponteiro também pareciam ter certa enfermidade. Sofreriam de gota? Estariam inchados? Eles se moviam tão devagar! Lembravam o avanço doloroso de uma mosca de três patas que conseguiu sobreviver ao inverno. Quantas moscas em média sobrevivem ao inverno inglês, e quais seriam os pensamentos desse inseto se despertassem em meio a uma conferência sobre a Revolução Francesa? A pergunta foi fatal. Um elo foi perdido — um parágrafo, eliminado. Era inútil pedir ao conferencista que repetisse suas palavras; ele arrastava com obstinada pretensão. Procurava-se a origem da Revolução Francesa — e também os pensamentos das moscas. E então chegou o momento de um desses trechos chatos do discurso, quando objetos minúsculos podem ser vistos vindo a dois ou três quilômetros de distância. "Salte!", imploramos — em vão. Ele não saltou esse trecho. Houve uma piada. Logo a voz prosseguiu; então parecia que as janelas precisavam ser lavadas; aí uma mulher espirrou; depois, a voz se apressou; e houve uma peroração e então — graças ao Deus! — a conferência terminou.

Por que, como a vida dura poucas horas, desperdiçar uma delas assistindo a conferências? Por que, uma vez que a imprensa foi inventada faz tempo, aquele homem não mandou imprimir sua conferência, em vez de a ler em voz alta? Então, perto do fogo no inverno ou sob uma macieira no verão, poderíamos ter lido, pensado, discutido; poderíamos ter ponderado as ideias difíceis e debatido o argumento. O que poderia ter sido desenvolvido e fundamentado. Não teria havido necessidade de recorrer a essas repetições e matizes que atenuam e adornam as conferências para atrair a atenção de um público variado, apto a pensar em narizes e queixos, em mulheres que espirram e na longevidade das moscas.

É possível, eu disse a essas perguntas, que haja alguma razão, imperceptível para quem está de fora, que torna as conferências uma parte essencial do ensino universitário. Mas por que — aí outra pergunta surgiu em primeiro plano —, por que, não sendo necessárias como forma de educação, as conferências não são abolidas como forma de entretenimento? A flor de açafrão ou a faia nunca chegam a ficar vermelhas, mas emitem simultaneamente, de todas as universidades da Inglaterra, Escócia e Irlanda, uma chuva de mensagens enviadas por secretárias desesperadas, implorando para Fulano e Beltrano virem e falar sobre arte, literatura, política ou moral — e por quê?

Nos velhos tempos, quando os jornais eram escassos e passavam cautelosamente da sala à reitoria, esses laboriosos métodos de esfregar a mente e transmitir ideias, sem dúvida, eram essenciais. Mas agora, quando a cada dia da semana nossos escritórios se cobrem de artigos e panfletos que expressam todos os matizes possíveis de opinião, com maior concisão do que o boca a boca, por que continuar um costume obsoleto que não só é uma perda de tempo e de paciência, como incita às mais desmesuradas paixões humanas — a vaidade, a ostentação, a autoafirmação e o proselitismo? Por que incentivar os nossos mais velhos a se tornarem pedantes e falastrões, se são homens e mulheres comuns? Por que obrigá-los a ficar parados sobre uma plataforma por quarenta minutos, enquanto nós refletimos sobre a cor de seu cabelo e a longevidade das moscas? Por que não permitir que nos falem e nos escutem, natural e felizmente, à altura do solo? Por que não criar uma nova forma de sociedade fundada em pobreza e igualdade? Por que não reunir as pessoas de todas as idades e de ambos os sexos, e de todos os níveis de fama e anonimato, para que conversem sem subir em plataformas, nem ler papéis, nem vestir roupas caras, nem comer comida cara? Uma sociedade como essa não mereceria, até como forma de educação, todos os trabalhos sobre arte e literatura que já foram lidos e ouvidos desde que o mundo é mundo? Por que não abolir pedantes e falastrões? Por que não criar o intercâmbio humano? Por que não tentar?

Nesse momento, farta das palavras "por quê", estava a ponto de me permitir algumas reflexões de natureza geral sobre a sociedade tal como outrora, como é e como poderia ser, intercalando algumas imagens da senhora Thrale entretendo o doutor Johnson, e lady Holland divertindo lorde Macaulay, quando surgiu tal clamor entre as perguntas, que mal conseguia me ouvir pensar. A causa do clamor logo ficou evidente. Incauta e tolamente, eu tinha empregado a palavra "literatura". E aí estavam elas, gritando e chorando, fazendo perguntas sobre poesia, ficção e crítica; cada uma exigindo ser escutada, cada uma certa de que a sua era a única pergunta que merecia ser respondida. Por fim, depois de ter destruído todas as minhas imagens extravagantes de lady Holland e do doutor Johnson, uma das perguntas insistiu, por eu ter dito que, por mais tola e incauta que fosse, era ainda menor do que as outras, para que lhe perguntasse. E a pergunta era: por que estudar literatura inglesa nas universidades, se a podemos ler nos livros? Mas eu disse que é uma bobagem perguntar o que já foi respondido — a literatura inglesa, creio eu, já é ensinada nas universidades. Além disso, se vamos iniciar uma discussão sobre o assunto, necessitaremos de pelo menos vinte volumes, enquanto temos apenas cerca de setecentas palavras restantes. Ainda assim, como foi incômoda, eu lhe disse que faria a pergunta e a apresentaria da melhor maneira possível, sem expressar nenhuma opinião própria a respeito, limitando-me a transcrever o seguinte fragmento do diálogo.

Outro dia, fui visitar uma amiga que ganha a vida como leitora de uma casa editorial. Quando entrei, me pareceu que o quarto estava um pouco escuro. No entanto, como a janela estava aberta e era um belo dia de primavera, seria provável que a escuridão fosse espiritual — o efeito de alguma tristeza interior que me assustava. Suas primeiras palavras ao me ver confirmaram meus temores:

"Ai, pobre menino!", exclamou ela, jogando o manuscrito que estava lendo com um gesto de desespero. Teria acontecido algum acidente com algum de seus familiares, perguntei, dirigindo ou escalando?

"Se você chama de acidente trezentas páginas sobre a evolução do soneto elisabetano", disse ela.

"Isso é tudo?", repliquei, aliviada.

"Tudo?", retrucou ela. "Não é o bastante?" E começando a andar de um canto a outro da sala, ela exclamou: "Uma vez que ele era um menino inteligente; uma vez valia a pena falar com ele; uma vez ele se importou com literatura inglesa. Mas agora...", ela estendeu as mãos, como se lhe faltassem as palavras — mas não era isso absolutamente. Prosseguiu-se uma enxurrada de lamentos e vitupérios — mas, pensando em como sua vida era dura, lendo manuscritos todos os dias, eu a desculpei —, que não pude acompanhar o argumento.

A única coisa que pude discernir foi que todas essas conferências sobre literatura inglesa — "se você quiser ensinar a ler inglês", afirmou ela, "lhes ensine primeiro a ler grego" —, essa aprovação nos exames de literatura inglesa, que levou a todo esse tipo de escrita sobre literatura inglesa, estava fadada a ser a morte e o sepultamento da literatura inglesa. "A lápide", insistia ela, "será um volume encadernado de…", quando eu a interrompi e lhe disse que não falasse bobagens. "Então me diga uma coisa", disse ela, em pé de frente a mim com os punhos cerrados, "por acaso eles escrevem melhor por isso? A poesia está melhor, a ficção está melhor, a crítica está melhor agora que eles aprenderam a ler literatura inglesa?" Como respondendo à sua própria pergunta, ela leu um trecho do manuscrito que tinha jogado no chão. "E cada um é a imagem cuspida e escarrada do outro!", gemeu ela, levando-o com cansaço até seu lugar, com os outros na estante.

"Mas pense em tudo o que devem saber", tentei argumentar.

"Saber?", arremedou ela, "Saber? O que você quer dizer com 'saber'?" Como era uma pergunta difícil de responder de improviso, ignorei dizendo: "Bem, de qualquer forma, eles vão poder ganhar a vida ensinando outras pessoas." Com isso, ela perdeu definitivamente a paciência e, se apoderando do infortunado trabalho sobre o soneto elisabetano, jogou-o zunindo para o outro canto do quarto. O resto da visita consistiu em recolher os pedaços quebrados de um bule que pertencera à sua avó.

Agora, é claro, uma dúzia de perguntas clamam para serem feitas sobre igrejas e parlamentos e bares e lojas e autofalantes e homens e mulheres; mas felizmente o tempo acabou; cai o silêncio.

SOBRE A AUTORA

Virginia Woolf (1882, Londres – 1941, East Sussex) educou-se na biblioteca de seu pai, Leslie Stephen, autor de *Hours in a Library*. Casou-se em 1912 com Leonard Woolf e ambos fundaram o editorial *Hogarth Press*, em 1917. Nas proximidades do Museu Britânico, converteram a própria casa num centro de encontros denominado Bloomsbury, que reunia um grupo de intelectuais do qual faziam parte Vita Sackville-West, Lytton Strachey, E. M. Forster, Arthur Waley e John Maynard Keynes. Autora de romances que revolucionaram mundialmente a literatura do século xx, tais como *Noite e dia* (1919), *O quarto de Jacó* (1922), *Mrs. Dalloway* (1925), *Passeio ao farol* (1927), *Orlando: biografia* (1928), *Um teto todo seu* (1929), *As ondas* (1931), *Os anos* (1937), entre outros, foi traduzida no Brasil por poetas como Mario Quintana (*Mrs. Dalloway*) e Cecília Meireles (*Orlando: biografia*). Sua bibliografia inclui ainda um livro em apoio aos direitos da mulher, *Três guias* (1938), e diversas coletâneas póstumas de contos, ensaios, crítica literária e um extenso diário (em cinco volumes). Numa crise agravada pela Segunda Guerra Mundial, cometeu suicídio por afogamento no rio Ouse.

Direção editorial
Daniele Cajueiro

Editores responsáveis
Ana Carla Sousa
André Seffrin

Produção editorial
Adriana Torres
Laiane Flores
Ian Verçosa

Revisão de tradução
Erika Nogueira Vieira

Revisão
Alessandro Thomé

Projeto gráfico
Rafael Nobre

Diagramação
DTPhoenix Editorial

Este livro foi impresso em 2021
para a Nova Fronteira.